Redaktion: Herwig Brätz

schwaan@imkermv.,de

www.iv-schwaan.blogspot.de

1906 - 2016

Zum Geleit

Aus jeder Sicht ist der Beschluss des Vorstandes, eine Chronik der Geschichte des Schwaaner Imkervereins anzulegen, eine gute Entscheidung.

Der Redaktion gilt außerordentlicher Dank dafür, sie hat keine Mühe gescheut, um an alte Unterlagen zu gelangen. Für keinen anderen Verein in Schwaan gibt es bisher Vergleichbares und insofern ist es eine wertvolle Bereicherung unserer Heimatgeschichtsschreibung.

Für Paul Krell, den Gründer und langjährigen Vorsitzenden ist dies eine verdiente nachträgliche Ehrung. Er war Initiator der Gründung, landesweit als Bienenexperte bekannt und mehrere Jahrzehnte als Verbandsreferent unterwegs. Noch heute ist Paul Krell für seine urige Art und Bienenvater den älteren Schwaanern als „Pappi Krell" in Erinnerung.

Den Mitgliedern und dem Vorstand wünscht man, dass sie sich auch zukünftig für den Verein und seine Ziele einsetzen.

Möge der Verein noch weitere 110 Jahre für das Wohl der Natur und der Bewohner von Schwaan und Umgebung wirken.

Fritz Luckmann
Im Februar 2016

B ienen kennen keine Geschichte – meinte Maurice Maeterlinck, der Imker unter den Nobelpreisträgern. Sie glauben nur an die Zukunft.

Anders die Imker – sie erinnern sich gern an frühere gute Königinnen, von denen Linien nachgezogen wurden und auch gute Imkerkameraden von früher vergessen sie nicht, selbst wenn die Erinnerung lückenhaft und mitunter trügerisch ist.

Der Imkerverein ist der älteste ununterbrochen aktive Verein der Stadt Schwaan. Unter den Imkervereinen Mecklenburg-Vorpommerns fällt er jedoch nicht auf: aus ihm sind keine berühmten Imker hervorgegangen, etwa 30 Vereine sind älter und viele haben mehr Mitglieder.

Einzigartig ist der Umstand, dass seine Geschichte klar in nur zwei Epochen zerfällt: die 40 Jahre von Paul Krell (1906 bis 1946) und die 70 Jahre von Walter Kleinfeldt (1946 bis 2016).

Nur wenige Imkervereine Mecklenburg-Vorpommerns haben eine ausgearbeitete Chronik, darum hat sich der Vorstand entschlossen, für den Schwaaner Imkerverein solch eine vorzulegen. Dabei ließ er sich von der Hoffnung tragen, dass es auch in der Schwaaner Öffentlichkeit über die Imkerschaft hinaus ein gewisses Interesse an diesem wechselvollen Stück Heimatgeschichte gibt. Schließlich ist die Imkerei in Schwaan und Umgebung ein ganz altes Gewerbe, wie aus Urkunden zu schließen ist:

> Im Jahre 1357 wird von 4½ Hufen zu Vorbeck (Schwaan) der Roßdienst mit ¼ Pfund Honig abgelöst. 1262 belehnt Nicolaus von Werle den Willefin von Baumgarten mit Gütern gegen eine jährliche am Feste des heiligen Michael zu entrichtende Abgabe von 1 Pfund Honig.

Die Imkerei soll die Poesie der Landwirtschaft sein, auch wenn das Verhältnis zur Feldwirtschaft seit Jahrzehnten gespannt ist. Eine Vereinsgeschichte jedoch ist keine Poesie – sie ist ein Spiegelbild der Zeitgeschichte.

Manches wirklich Geschehene ist aus heutiger Sicht befremdlich, vielleicht aber im Rückblick nachzusehen. Die politischen Systeme wechselten – immer aber gab es engagierte Imker in Schwaan (nach

1945 auch Imkerinnen) – deren Zusammenhalt stets das Hauptanliegen des Vereins war.

Einige Abschnitte der Vereinsgeschichte sind recht gut dokumentiert, andere weniger: Für die ersten 15 Jahre gibt es nur das Foto von Paul Krell und einige persönliche Nachrichten über seine Imkerei, etwa den Bericht, dass er 1917 sämtliche Bienen wegen der Ruhr verlor, verursacht durch ungeeignetes Winterfutter.

Ab 1920 gibt es Infos zum Vereinsgeschehen und ab 1926 (bis 1936) stehen zahlreiche Artikel des Vereinsvorsitzenden in der mecklenburgischen Imkerzeitschrift "Uns' Immen", dann gibt es 20 Jahre wieder fast nichts, dann einige private Fotos, ab 1970 vermeldet das Protokollbuch des Vorstands alle wichtigen Ereignisse bis 1988, dann gibt es wieder fast nichts bis 2005.

Der Aufsatz über die Geschichte des Landesverbandes soll das Umfeld erhellen, in dem sich der Schwaaner Imkerverein entwickelte.

Ein herzlicher Dank gilt allen Bildlieferanten und Informatoren.

Die Imkerei ist freilich vor allem ein Erfordernis der Gegenwart und wir würden uns freuen, wenn dieser Rückblick bei einigen heutigen Schwaanern auch die Lust zum Imkern im Verein wecken könnte. Denn Stadt und Amt Schwaan bieten insgesamt eine ausgezeichnete Bienenweide, also beste Bedingungen für die Gewinnung von Honig.

Imkern ist mehr als Honigschlecken, nämlich harte Arbeit. Honig aber, das Hauptprodukt der Imkerei, ist so wertvoll, dass er mit Gold gar nicht aufzuwiegen ist –

Honig ist die Sonne im Glase.

Der Vorstand des Imkervereins Schwaan

11. November 1906

Gründung durch 8 Imker aus Schwaan, Ziesendorf und Buchholz mit zusammen 80 Völkern als *Schwaaner Bienenzuchtverein* in Pogge's Gasthof in Schwaan.

Paul Krell 1909

Vorsitzender wird für gut 40 Jahre der Lehrer Paul Krell (geb. 1879 in Penzlin – gest. 1958 in Schwaan), der noch 1956 als Ehrengast zum 50. Vereinsjubiläum begrüßt werden konnte. Krell hatte bereits im Alter von 10 Jahren Bienen, war Absolvent des Lehrerseminars von Neukloster und verbrachte anschließend sein ganzes Leben in Schwaan. Ob er vor 1906 einem anderen Imkerverein angehörte, ist nicht bekannt.

Pogge's Gasthof (der spätere *Mecklenburger Hof*, heute *Chili-House*) wird über Jahrzehnte das Vereinslokal bleiben.

Der Verein zählt über 50 Mitglieder, 1923 sogar 80. 1921 kommt der Erste Bienenzuchtverein zu Rostock zu Besuch:

Der Ausflug nach Schwaan ist auf Sonntag, 26. Juni, festgesetzt. Da ein Dampfer nur für einen Werktag zu erhalten war, so muß die Bahn benutzt werden. Abfahrt vom Hauptbhf. 2,40 Uhr nachm., Rückfahrt 8,53 Uhr abends oder nach Belieben. Teilnehmer wollen bis 22. Juni Herrn Steuersekretär Janßen oder beim Unterzeichneten anzeigen, mit wieviel Personen sie sich beteiligen wollen. Besondere Einladung erfolgt nicht. Brose, Schriftführer.

Man spricht mit den Rostockern sogar einen gemeinsamen Honigpreis ab. Das Pfund soll 10 Mark kosten, aber die Inflation galoppiert:

Der Erste Bienenzuchtverein zu Rostock hielt am Sonntag, dem 18. September, eine Versammlung ab, welche leider nur schwach besucht war, nämlich von 29 Mitgliedern. Der Vorsitzende, Herr Knauth, eröffnete die Versammlung mit dem Hinweis, daß die Hoffnung der Imker in hiesiger Gegend auf eine gute Honigernte sich nicht erfüllt hätte, woran vor allem die Kälte- und Regenperiode im Juni schuld wäre. Die Ernte sei infolgedessen nur als eine Mittelernte zu bezeichnen. Der Honigpreis sei mit dem Schwaaner Verein auf 10 Mark das Pfund festgesetzt, heute wäre der Honig bedeutend teurer.

Das Vereinsleben leidet unter der allgemein schlechten Wirtschaftslage. Oft nehmen nur wenige Mitglieder an den vierteljährlich abgehaltenen Versammlungen teil, viele sind nur wegen der Zuckerzuweisungen Imker geworden. Wegen der Inflation wird der Beitrag zum Landesverband in Natura gezahlt (ein Glas Honig).

Paul Krell will sogar aufgeben, 1923 wird er wegen fehlender Statistiken ermahnt, 1924 nimmt er nicht an der Landesverbandstagung teil und stellt seinen Posten zur Verfügung, denn es heißt in der Ankündigung der Versammlung: „Vorstandswahl: Es scheiden aus Krell und Rehmann."

Imkerverein Schwaan und Umgegend. Sonntag, 4. November, nachm. 3 Uhr, Versammlung bei Stahl, Huckstorf. Tagesordnung: 1. Vorstandswahl. (Es scheiden aus Krell und Rehmann. 2. Vortrag des Herrn Tralau, Leutendorf. 3. Honig- und Zuckerfragen. 4. Verschiedenes. Ich bitte dringend, bis zu dieser Versammlung die Zahl der Bienenvölker zu melden. Siehe Nr. 9 von Unf' Immen. H. Stahl, Schriftf.

Aber es kommt anders: Der Landesverbandsvorsitzende Gustav Griese kennt Krell noch aus seiner Lehramts-Präparandenzeit und baut ihn wieder auf. Krell wird Wanderredner und für den Landesverband aktiv.

1925

Paul Krell und Friedrich Tralau (vom Imkerverein Laage) nehmen an der Außerordentlichen Bundesversammlung in Weimar teil, welche die Einführung des Einheitsglases beschließt.

2007 wird in der Chronik "100 Jahre Deutscher Imkerbund" das dazugehörige Foto veröffentlicht, allerdings mit falscher Jahreszahl ("1926").

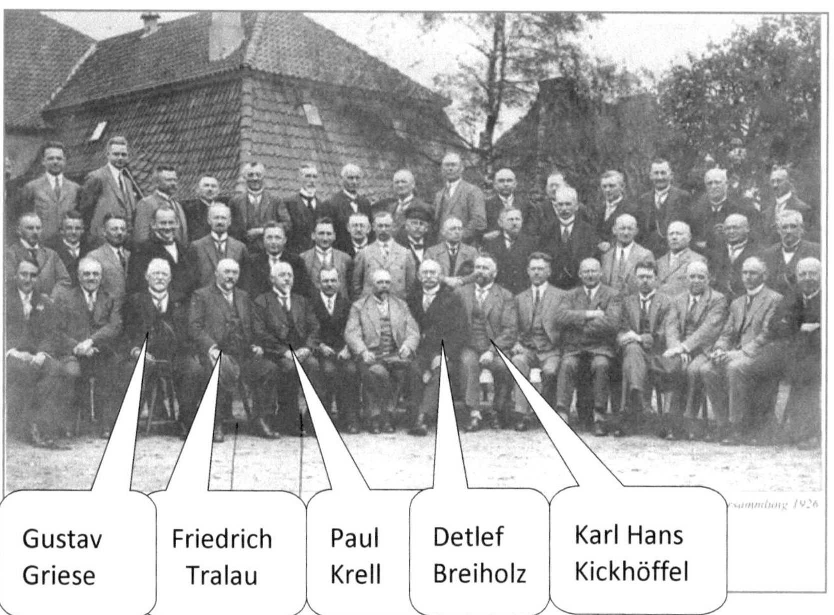

(Mit freundlicher Genehmigung der Geschäftsführerin des D.I.B.-Vorstands)

Die Einführung des Einheitsglases ist auch für Paul Krell Ansporn – er wird zum unermüdlichen Verfechter der Nutzung dieses Werbemittels.

Der Imkerverein von Schwaan und Umgegend hielt gestern auf dem Bienenstand des Molkereiverwalters Abel in Gr.-Grenz eine Wanderversammlung ab. Nachdem der große Musterbienenstand besichtigt war, hielt der Vorsitzende, Lehrer Krell, einen Vortrag über die Art und Weise, wie der Honig fortab nach Vorschrift des Deutschen Imkerverbandes an das Publikum abzugeben ist. An der in Rostock stattfindenden bienenwirtschaftlichen Ausstellung wird der Verein sich beteiligen. Er wird nicht nur Honig, sondern auch Bienenvölker ausstellen. Zur Teilnahme an der zu gleicher Zeit in Rostock und Gehlsdorf stattfindenden Lehrkursen meldeten sich verschiedene Imker. Die nächste Versammlung soll wieder eine Wanderversammlung sein.

Bald darauf ist wieder großer Bahnhof in Schwaan: der Imkerverein empfängt Rostocker und Güstrower Kollegen. Die Rostocker reisen mit zwei Extra-Waggons 4. Klasse an.

Erster Bienenzuchtverein zu Rostock.

Am Sonntag, dem 9. August, ist ein Familienausflug nach Schwaan. Auch der Bienenzuchtverein Güstrow wird voraussichtlich an diesem Tage nach Schwaan kommen und mit uns zusammentreffen. Vielleicht nehmen noch mehrere Nachbarvereine diese Gelegenheit wahr, so daß die Imker bei vorausgesetzt gutem Wetter bei den Schwaaner Kollegen herrliche Stunden verleben werden. In der August-Nummer von „Uns' Immen" wird Abfahrt und alles Weitere bekanntgegeben.

Mit bestem Imkergruß.
H. Brandt.

1926

In „Uns' Immen" erscheint Paul Krells erster Artikel mit dem etwas großspurigen Titel „Aus meinem Imkerleben", der in dieser Chronik erstmals nachgedruckt wird.

1927

Paul Krell stellt auf der Landesvertreterversammlung in Plau am See den Antrag, dass Völker, die über die Grenze (von Mecklenburg-Schwerin) kommen, auf Faulbrut untersucht werden sollten.

1928

Paul Krell schreibt seinen nächsten Artikel für „Uns' Immen": „Wie ich meinen Honig kläre, rühre und einglase". Auch er wird in dieser Chronik erstmals nachgedruckt. Natürlich war dieser Artikel auch Thema einer Versammlung:

Die diesjährige Wanderversammlung des Imkervereins von Schwaan und Umgegend fand im Alten Forsthause in Hohen-Sprenz statt. Die Versammlung war gut besucht, auch die Imkerfrauen nahmen teil daran. Der Vertreter gab den Bericht der Landesversammlung in Rostock. In dieser Versammlung ist eine Honigstelle in Güstrow gegründet, nach der die Imker den Honig, den diese nicht an ihre Kunden im Verbandsgefäße abgeben, nach Güstrow schicken. Hier wird dieser auf maschinellem Wege verarbeitet und unter der Marke „Mecklenburgischer Honig" im Verbandsglase an die einschlägigen Geschäfte weitergegeben. Selbstredend ist dies nur möglich, wenn die Imker der angeschlossenen Vereine die vorgeschriebenen Preise halten und keine Preistreiberei Fuß faßt. Sodann referierte der Vorsitzende über die vorgeschriebene Behandlung des Honigs. Selbstredend wird allen Imkern, die sich an den Steintopf gewöhnt und um das Vereinswesen kaum gekümmert haben, diese Umstellung schwer fallen. Doch nach der von ihnen geleisteten Unterschrift werden auch sie sich allmählich an die neuen Formen gewöhnen, wenn ihnen die Bedeutung ihrer Namensunterschrift recht zum Bewußtsein gekommen ist und sie die Vorzüge der neuen Aufmachung für das Ansehen der Imkerei und des Honigs aus eigener Erfahrung kennengelernt haben. Wir wollen es diesen alten Herren, die durch Beruf usw. vom Besuch der Versammlung abgehalten sind, nicht verübeln. Die zum ersten Mal in dem Verein aufgetretenen Preistreibereien wurden auf das schärfste verurteilt. Das Eingesandt in der Schwaaner Zeitung wurde dem Verbandsvorstand zur weiteren Veranlassung überwiesen. Wegen vorgerückter Zeit konnten die praktischen Arbeiten auf den Bienenständen nicht mehr ausgeführt werden. Gegen 7 Uhr konnte die sehr lebhaft verlaufene Versammlung erst geschlossen werden. K.

1931

Der Verein kann im November auf sein 25jähriges Bestehen zurückblicken.

Der Imkerverein von Schwaan

hielt im Meckl. Hof eine gut besuchte Versammlung ab. Ein Bienenstand mußte wegen Ausbruch von Faulbrut vernichtet werden. Die Zahl der Völker der Mitglieder ist auf rund 400 gesunken. Unter diesen Völkern sind rund 50 Korbvölker. Der Verlust des vorigen Winters betrug 60 Völker. Infolge der wirtschaftlichen Not konnten mehrere Imker ihre Völker nicht mehr einfüttern, so daß mit deren Verlust zu rechnen ist. — Das Jahr 1931 war ein sehr schlechtes Honigjahr.
Der Verein konnte im November auf ein 25jähriges Bestehen zurückblicken. — K.

1932

Paul Krell schreibt die auch heute noch lesenswerten Monatsanweisungen für "Uns' Immen". Er bezeichnet darin den Schwaaner Imkerverein als *Imkerverein Schwaan und Umgegend*. Fachlich lehnt er sich vor allem an Ferdinand Gerstung an. Die Monatsanweisungen von

Paul Krell liegen in Kopie vor und können für Interessenten jederzeit nachgedruckt oder als Datei bereitgestellt werden.

Monatsanweisung für Januar.

„So ganz grall und krellsch" soll ich schreiben, verlangt Griese. Als Lehrer der Lehrlinge, als früherer Turnlehrer, als Lehrer der geistig Schwachen, liegt es mir schon im Blute, mit kernigen, kurzen Worten den Schüler an die Arbeit zu bringen, ihm Mut einzuflößen, zu versuchen, ihn mitzureißen, recht sinnenfällig zu erklären, wenn's auch oft zum Lachen ist. Die Hauptsache ist, daß der Schüler anpackt und ihm das klar wird, was er verstehen lernen soll.

Wenn ich denn nun „grall und krellsch" schreibe, so darfst du mir das nicht übelnehmen. Und wenn ich viele Zeichnungen bringe, dann bedenke, ich stamme aus einer Zeichnerfamilie und, wenn ich viel vom Tischlern schreibe, dann bedenke, daß mein Vater Tischlermeister in Penzlin war und ich in meiner Jugend nur Tischler werden wollte. Im Jahre 1920 habe ich bei der Handwerkskammer um Zulassung zur Gesellenprüfung als Tischler gebeten, wurde aber abgewiesen, weil ich keine geschlossene Lehrzeit nachweisen konnte.

Doch nun wollen wir zu den Bienen gehen.

So beginnen die Monatsanweisungen

Gustav Griese war pensionierter Lehrer in Wismar und Geschäftsführer des Landesverbands sowie Schriftleiter von "Uns' Immen". Er schrieb am 24. August 1931 nach einem Besuch in Schwaan:

„Lieber Kollege Krell! Sei sünd jo nen fienen Kerl! Kum heww ick ´nen Wunsch up ´nen Upsatz utsproken, wupp is hei dor. So ´ne lütte spaßige Immen- un Imkergeschichten, so ´ne lütten Läuschen können Sei man öfter schrieven."

Daraus sind dann wohl die Monatsanweisungen geworden.

Im Juli nimmt an Krells Stelle sein Stellvertreter und Schriftführer, der Lehrer Stahl aus Huckstorf, an der Vertreterversammlung des Landesverbandes Mecklenburg-Schwerin in Ribnitz teil. Diese Versammlung ist die vorletzte ihrer Art. Sie verläuft ungeachtet der bürgerkriegs-ähnlichen Zustände im Lande erstaunlich harmonisch und kommt ohne politische Kniefälle an die zwei Wochen zuvor gewählte Nazi-Regierung in Schwerin über die Runden.

Probleme gibt es en masse:

> **Der Imkerverein von Schwaan und Umgegend**
> hielt am Sonntag im Meckl. Hof eine Versammlung ab. Herr Lehrer Stahl, Huckstorf, gab den Bericht über die Vertreterversammlung in Ribnitz. Der Vorsitzende sprach sodann über das Thema „Wachs", und ließ von den Anwesenden das Erkennen von reinen Wachs und von verfälschtem Wachs üben. Ueber das Verschleudern und Unterbieten der diesjährigen Ernte erhob sich eine rege Aussprache. Ein Imker der weiteren Umgegend läßt bei Abgabe von 5 Pfund den Honig mit 75 Pfg. pro Pfund verkaufen. Die Honigüberwachung ergab, daß ein Eingreifen oft sehr nötig ist, weil die gesetzlichen Vorschriften herzlich wenig beobachtet werden. Die zuständige Behörde ist um Mithilfe gebeten worden. Für die Zentrale wurden noch 15 Zentner gezeichnet. Wegen vorgerückter Zeit mußte der Vortrag über „Honig" auf die nächste Versammlung verschoben werden. — Für 5 Korbvölker, die verschenkt werden sollten, fand sich — angesichts des schlechten Honigmarktes — kein Abnehmer. Daß die Faulbrut zwischen Schwaan und Rostock wieder um sich greift — es sind in letzter Zeit 3 Stände vernichtet, in den beiden letzten Jahren mußten in 5 Dörfern alle Bienen vernichtet werden, auch das Stadtgebiet Rostock wurde nicht verschont — erfüllte alle mit Bangen. Der Wunsch, daß die Faulbrutkommissare dies Gebiet recht gründlich bearbeiten und die Imker in bezug auf Faulbrut gut geschult werden, ist daher sehr berechtigt. Kr.

Aber grüßt man sich noch ganz unpolitisch:

> Mit freundlichem Landesvereinsgruß.
> Griese.

1933

Während Hitler nach der Macht greift, überarbeitet Paul Krell im Winter 1932/33 seine Monatsanweisungen noch einmal (denn er hatte viele Zuschriften erhalten) und macht daraus einen sehr ehrgeizigen, mehr als 30-seitigen „Betriebsplan des Mecklenburgischen Landesvereins für Bienenzucht", der nicht nur in „Uns' Immen", sondern auch als Sonderdruck erscheint. Der Sonderdruck ist verschollen, aber die „Uns' Immen"-Version liegt in Kopie vor und kann für Interessenten jederzeit nachgedruckt oder als Datei bereitgestellt werden.

Betriebsplan
des
Mecklenburgischen Landesvereins für Bienenzucht.[*]

Bearbeitet im Auftrage des Landesvereins von Hilfsschullehrer Krell, Schwaan.

Motto: Bereitsein ist alles.

Alle Vereine Mecklenburgs haben die Fragen, auf Grund derer ein Betriebsplan aufgestellt werden sollte, eingeschickt. Aus diesen ist ersichtlich, daß die mecklenburgischen Imker eine einfache und natürliche Bienenzucht treiben.

Wer einen großen Stand hat, imkert natürlich großzügiger, wer einen kleinen Stand hat, achtet mehr auf das einzelne Volk und auf Kleinigkeiten.

An Wohnungen werden Körbe, Normalmaßbeuten, Gerstungbeuten, Blätterstöcke, vereinzelt auch Kuntzschbeuten benutzt.

Die Entwicklung der Völker wird durch die Art der Wohnung weniger beeinflußt, die Behandlung in den verschiedenen Beuten kann allerdings nicht gleich sein.

Raps und Rübsen scheiden in Mecklenburg jetzt fast ganz aus. Die Frühtracht bringt nur Honig aus Sträuchern, Obstbäumen, Ahorn und Butterblume.

Die Mitteltracht bringt Honig aus Hederich, Klee und Kornblume, dann aus der Linde. Sie bildet für uns die Haupttracht. In einigen Gegenden kommt noch die Ackerbohne hinzu.

Eine Spättracht kommt nach der Beantwortung der Fragebogen in Mecklenburg nicht in Frage. Wohl finden die Bienen aus Senf, Serradella und Heidekraut in einigen Gegenden noch Honig, doch kommt dieser für das Schleudern nicht mehr in Betracht.

Die Frühtracht fällt nicht immer auf dieselben Kalendertage. Bei langem Winter kommen die Blumen 2 bis 3 Wochen später. Aus der Frühtracht können nur die Imker schleudern, die Raps oder Rübsen haben.

Die Haupttracht beginnt durchweg mit dem 10. Juni und endet gewöhnlich mit dem 10. Juli.

Aus der Haupttracht kann zuweilen auch nicht geschleudert werden, etwa alle 10 Jahre haben wir eine gute Ernte und eine sehr schlechte Ernte. Die anderen 8 Jahre bringen Mittelernten und etwas schlechtere Ernten.

[*] Wir werden den Betriebsplan, der in dieser und der nächsten Nummer erscheint, in einem besonderen Hefte (wie seinerzeit die Honignummer) zum Selbstkostenpreise abgeben.

Griese.

Fachlich ist dies zweifellos der Höhepunkt von Krells Laufbahn als Imkerschriftsteller – wegen seiner Sachlichkeit aber ohne Bezug auf den Verein oder seine Person. Inhaltlich ist er aus heutiger Sicht überholt, etwa wenn es heißt: „Raps und Rübsen scheiden in Mecklenburg jetzt fast ganz aus". Heute, 2016, ist Mecklenburg-Vorpommern das Hauptanbaugebiet für Raps in Deutschland.

Bei den Schwaaner Imkern kommt Paul Krell mit seinem Betriebsplan nicht allzu gut an: Nur 10 von 24 Mitgliedern erscheinen auf der hierzu anberaumten Versammlung. Vermutlich war der Text vielen zu „kopflastig".

Auf der letzten Landes-Vertreterversammlung in Wismar am 23. Juli 1933 rechnet Krell vor, dass sich die Einrichtung einer zentralen

Wachsstelle nicht lohne, weil dann „etwa 30 Zentner Kunstwaben mit dem entsprechenden Raas hätten durch die Maschinen gehen müssen, um die Sache rentabel zu machen. Es sei ein Ding der Unmöglichkeit, daß derartige Aufträge an Kunstwaben von unseren Imkern gegeben werden können." Tatsächlich wird auf die Wachszentrale verzichtet.

Daneben passieren alltägliche Dinge: Friedrich Pannwitt, der 16jährige Neuimker aus Letschow, brennt seinen Bienenstand ab:

Schadenfälle.

Außer verschiedenen kleineren Fällen sind uns in den letzten Tagen 2 Meldungen von großen Schäden zugegangen.

1. Die Bienen des Siedlers Japp in Zoppenrade haben 2 wertvolle Pferde überfallen. Ein abgehender Schwarm zerstach sie dermaßen, daß beide Tiere bald darauf eingingen. Die Frau des Siedlers liegt noch krank darnieder. Schadenforderung über 1300 (eintausenddreihundert) Mark.

2. Dem Büdner Pannwitt in Letschow bei Schwaan brannte sein Bienenschauer mit allen darin befindlichen Bienen darnieder. Schade etwa der gleiche wie im Fall 1.

Japp ist erst im Frühjahr als Mitglied zu uns gekommen, Pannwitt im Jahre 1933. Hätten beide Imker ohne unseren Schutz dagestanden, es hätten sie diese Schläge vernichtend getroffen. Wie mancher Imker tröstet sich immer wieder damit, daß er nur wenige Völker hat, aber selbst ein einziges Volk kann doch den gleichen Schaden, wie im Falle Japp, anrichten. Es sollten sich alle die noch uns fernstehenden beide Fälle zur Lehre dienen lassen und sich sofort als Mitglied unserer Organisation anmelden. Beide Fälle zeigen, wie dringend notwendig es auch für den kleinsten Imker ist, Mitglied seines Ortsvereins und damit des Deutschen Imkerbundes zu werden.

Das im Anschluss errichtete Bienenhaus existiert bis heute.

1934

Der Imkerverein Schwaan wird „gleichgeschaltet" und die *Ortsfachgruppe Schwaan* in der Reichsfachgruppe Imker e.V. gebildet - zum Imkeradler gesellt sich das Hakenkreuz.

Der Druck ist groß und kein Imkerverein widersetzt sich. Aus Berlin wird angewiesen: Die Satzungsänderung "muß ... beschlossen werden. Dort, wo sich irgendwelche Schwierigkeiten ergeben, ist der Verein mit seinem Vorsitzenden hierher zu melden."

Paul Krell macht keine Schwierigkeiten, sondern tritt im Bützower Verein auf und belehrt dort die Imker, wie sie künftig zu arbeiten hätten:

Imkerverein Bützow.

Der hiesige Imkerverein hielt am Sonntag im „Kaiserhof" eine sehr gut besuchte Versammlung ab. Als Redner war Lehrer Krell, Schwaan, erbeten. Dieser sprach über die neuen Aufgaben des Vereins, schilderte, wie in Zukunft der Verein zu arbeiten habe, gab Hinweise hierzu, zeigte, welche Forderungen der Staat und der Mitbürger an den Imker als Imker und Fachmann für Honig stellten, ging nun eingehend auf einfache Wahlzucht ein, behandelte an der Hand von Zeichnungen die Kernwabe des Brutnestes und führte schließlich an der Hand von Lichtbildern die richtige und die verkehrte Behandlung des Honigs vor.

Die Debatte war sehr rege. Vortrag und Debatte mußten wegen vorgerückter Zeit abgebrochen werden.

K.

1936

Im Januar findet eine Versammlung zum Thema „verbilligter Zucker" statt.

Auf der Landeszüchterberatung in Güstrow ebenfalls im Januar ist Paul Krell der erste Referent. Er gibt jede Menge pädagogische Ratschläge, wie man die Imker motivieren könnte.

Bericht über die Landeszüchterberatung in Güstrow

am 19. Januar 1936.

Die Landeszüchterberatung, die auf Grund der Richtlinien der Reichsfachgruppe für das Zuchtwesen jährlich einmal stattfinden muß, fand in Mecklenburg am Sonntag, dem 19. Januar, in Güstrow im Hotel Erbgroßherzog, statt.

21 besonders geladene Herren hatten sich zu dieser Tagung eingefunden, darunter die Herren Kreisobmänner und einige Zuchtleiter der Ortsfachgruppen.

Frau von Treuenfels eröffnete um 10 Uhr die Tagung mit einer kurzen Begrüßungsansprache an die Versammelten und gab dann dem 1. Referenten, Herrn Krell, das Wort zu seinem Vortrag: Die Schulung in den Vereinen im März. Er entwickelte in seinen Ausführungen klare Richtlinien für die Ausgestaltung dieser Versammlung, die in jeder Ortsfachgruppe im März der Königinnenzucht gewidmet sein muß laut Anordnung der Reichsfachgruppe. Der erste Grundsatz der Schulung ist: Nur einerlei zu einer Zeit. Erst, wenn die Grundbegriffe der Zuchtmethode jedem ganz klar sind, dürfen weitere Ausführungen gegeben werden. Der Vortragende hat sich zu bemühen, daß er durch Beobachtung seiner Hörer und durch scharfe Selbstkritik den Weg zu den Gehirnen und Herzen findet.

Die Vorbereitungsarbeit zu einer derartigen Versammlung spielt eine bedeutende Rolle. Herr Krell gab die Anregung, die Einladungen persönlich an die Mitglieder zu geben mit einigen Worten über die Wichtigkeit des zu behandelnden Themas. Um der Veranstaltung ein besonderes Gepräge zu geben, kann auch der Bürgermeister oder der Ortsgruppenleiter gebeten werden, daß er eine Ansprache über Aufgaben hält, welche die Erzeugungsschlacht von jedem fordert. Die Ausstattung des Raumes mit Lehrmitteln, die durch die Landesfachgruppe jetzt angefertigt werden sollen, ist zu empfehlen. Die Vorführung eines der neuen Bildbandstreifen bildet den Abschluß einer solchen Versammlung.

Der nachfolgende „Bericht von der Imker-Hauptversammlung am 15. März" 1936 ist sein Bericht darüber, wie toll er es gemacht hat. Merkwürdigerweise wurde über ganz andere Themen gesprochen als ursprünglich angekündigt.

Immerhin ist es die einzige Imkerversammlung, an der jemals ein Bürgermeister von Schwaan teilgenommen hat: es war Dr. Walter Schöps, ein junger Mann, der Jura in Rostock studiert hatte, noch im selben Jahr 1936 Landrat in Güstrow wurde und 1944 gefallen ist.

Bericht von der Imker-Hauptversammlung am 15. März im „Mecklenburger Hof" in Schwaan.

Nach Eröffnung der Tagung begrüßt der Vorsitzende, Lehrer Krell, die erschienenen Gäste, insbesondere von der Stadtverwaltung die Herren Bürgermeister Dr. Schöps, Stadtrat Vick und Obersturmführer Gehrke, ferner den Vertreter der Reichsbahn, Reichsbahnbauinspektor Gartenschläger. Sodann erteilt er dem Bürgermeister das Wort, der u. a., nach einem Rückblick auf die Vergangenheit, eingehend zu der augenblicklichen Lage in Politik, Wirtschaft und Kultur spricht. Dr. Schöps führt hierbei aus, daß wir seit 1933 im Aufbau stehen und jetzt das Fundament für ein tausendjähriges Deutsches Reich bauen. — Heute wird überall wieder geschafft, über 5 Millionen Volksgenossen mehr als vor 3 Jahren haben wieder Lohn und Brot. Vor 3 Jahren waren noch viele Parteien vorhanden, die der Regierung Schwierigkeiten machten, dagegen haben wir heute ein einiges Reich. Seit einem Jahre ist die allgemeine Wehrpflicht wieder eingeführt und vor einigen Tagen haben deutsche Truppen ihre Friedensgarnisonen im Rheinlande bezogen und wir dadurch unsere volle Souveränität wiedererlangt. — Die Wehrmacht ist die Grundlage, auf der Deutschland aufbauen kann. Weiter gehört hierzu, daß die Nahrungsmittelfreiheit des deutschen Volkes gesichert ist. Zum Gelingen dieses Zieles ist auch die freudige und restlose Mitarbeit jedes Imkers erforderlich. Jeder Imker hat die Pflicht, dem deutschen Volke möglichst viel Honig und Wachs zur Verfügung zu stellen und so Devisen sparen zu helfen. Im Jahre 1933 betrug die Nahrungsmitteleinfuhr nach Deutschland noch 4,5 Milliarden Mark, im Jahre 1935 wurden hierfür dank der vom Reichsbauernführer eingeleiteten Erzeugungsschlacht nur noch 950 Millionen benötigt. Gewaltige Erfolge sind mithin schon erzielt. Zum Schluß forderte Dr. Schöps die Imker auf, tatkräftig mitzuarbeiten, damit das vom Führer gesteckte Ziel, „Nahrungsmittelfreiheit des deutschen Volkes", bald voll erreicht wird.

Weidewart Jörn sprach über „Boden, Klima und Pflanzen". Durch Schrumpfungen und Faltungen der Erdoberfläche ist Deutschlands Boden sehr verschieden gestaltet. Die verschiedenen Witterungsverhältnisse der Jahrtausende haben eine chemisch und bakteriologisch sehr unterschiedliche Erdkrume entstehen lassen. Etwa 10 Klimagebiete zählen wir nun in Deutschland. Mecklenburg mit Ostholstein und Vorpommern bilden ein Gesamtgebiet mit gleicher Erdkrume, gleichem Klima, gleicher Pflanzenfamilie. Es hat daher gleiche Bienenwohnungen, gleiche Betriebsweise, gleiche Honigernte und ist im Honigertrag einheitlich.

Hilfsschullehrer Krell zeigte die Auswirkung der neuen Marktordnung, nach der die Imker in die Marktordnung eingegliedert sind. Die Reichsstelle hat die Planwirtschaft auch bei den Imkern empfohlen. Er gab den Wirtschaftsplan für den Verein bekannt. Um die auf die Ortsfachgruppe entfallende Honigmenge garantieren zu können, wird eine Umstellung in den Imkereien durchgeführt. Eine Standschau aller Imkereien erfolgt am 7. Juni und 12. Juli. 60 Prozent aller Königinnen sind zu erneuern. 130 Edelköniginnen werden an diesen beiden Tagen in die Völker gebracht. 30 Edelköniginnen leben schon auf den Ständen in Schwaan. Alle Imker geben nur im Verbandsgefäß Honig ab. Bis zum 1. August darf nur eine bestimmte Menge abgegeben werden. Jeder Imker hat ein Volk mehr aufzustellen. Aller alter Wabenbau ist zu entfernen. In jeden Kasten sind sieben Ganzrähmchen zu bringen. Der Wanderung schließen sich mehrere Imker an. Auf der Stadtfeldmark sind von den Imkern 6500 Salweidenstecklinge ausgepflanzt, in Niendorf 800, in Zeez 100. Die anderen Orte folgen. In Schwaan werden demnächst 1000 Schneebeeren ausgepflanzt. Die Stadt hat umfangreiche Gebiete zur Verfügung gestellt und sät Morjo-Klee in großen Mengen aus. Landwirtschaft treibende Imker tun dasselbe. Alle Mitglieder werden in nächster Zeit unter fachmännischer Aufsicht zur Verbesserung der Bienenweide mit dem Spaten antreten. Reichsbahnbauinspektor Gartenschläger wird darüber wachen, daß durch diese Anlage eine Verschönerung der Landschaft herbeigeführt wird.

Mit der Tagung war eine Ausstellung von Geräten und Büchern verbunden. Die Tagung war gut besucht. Mit einem Sieg Heil auf den Führer schloß der Vorsitzende die Tagung.

Krell

1941

Auf der Landeszüchtertagung wird konstatiert, dass die Honigernten der letzten Jahre bescheiden waren – die Einführung der Nigra war eine Fehlentscheidung, auch wenn man sich kämpferisch gibt und daraus eine Mecklenburgische „Hochleistungsbiene" züchten will:

dünner geworden. Die geringen Honigernten der letzten Jahre hatten es nicht vermocht, den Imkern ewige Jugend zu verleihen, wie einst der Nektar den griechischen Göttern oben auf dem sagenhaften Olymp, der von unseren tapferen Truppen so schnell erstürmt wurde.

Frau v. Treuenfels wird wieder mehrere Kurse für Königinnenzucht einrichten. Das Bestreben wird sein, neben der „Nigra", der „Schwarzen Marie", eine Hochleistungsbiene aus den Mecklenburger Bienen und somit einen Heimatstamm zu ziehen. Mecklenburg ist hier gut vorangekommen und wird auch weiterhin seine Pflicht tun.

Fritz Luckmann, der Autor des Geleitwortes, vertritt als 10jähriger seinen eingezogenen Onkel Friedrich Luckmann, den späteren Vereinsvorsitzenden, bei dessen Bienen und wird beim Schwarmfang so zerstochen, dass er 3 Tage lang bettlägerig ist. Aber er hält durch und betreut die Bienen bis zur Rückkehr seines Onkels.

Die Stadt Schwaan ist - bis auf die Brücke - schadlos durch den Krieg gekommen, auch die Imkerei geht weiter. Über Kriegsverluste ist nichts bekannt.

Das derzeit (2016) älteste Vereinsmitglied, Walter Kleinfeldt, schafft sich Bienen an – er hatte als Soldat in der Sowjetunion Bienenstände gesehen und dort „Feuer gefangen". Kleinfeldt ist das einzige Vereinsmitglied, das jemals Berufsimker wird. In verschiedenen Funktionen gehört er ab den 50er Jahren bis 2011 fast allen Vorständen an. Er sollte auch deutschlandweit der einzige Imker sein, der sämtliche Vorsitzenden seines Vereins aus 110 Jahren persönlich kennenlernt. Er hat auch noch seinen ersten VKSK-Ausweis:

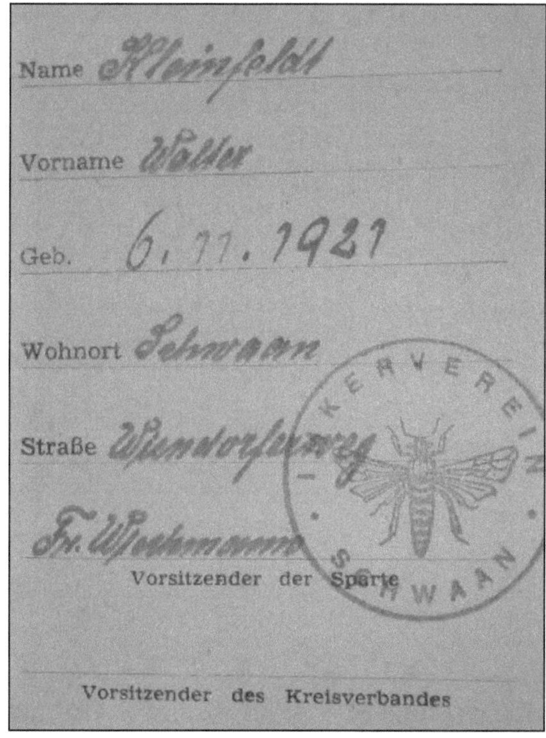

Neugründung als *Imkerverein Schwaan,* wieder im „Mecklenburger Hof" in Schwaan; Vorsitzender wird der Tischler Friedrich Jörn (früher "Weidewart"), Schriftführer wird der Vereinsgründer und nunmehrige Rentner Paul Krell und Kassierer der damalige Neuimker Paul Ruß. Damit ist der Schwaaner Verein schneller als z.B. der Rostocker, der sich nach 5jähriger Pause erst am 27. April 1947 wieder zusammen-findet. Teilnehmer waren nach der Erinnerung von Walter Kleinfeldt außer den gewählten Vorstandsmitgliedern: Fritz Pannwitt aus Letschow, Werner Vollmann aus Niendorf, Friedrich Tralau aus Werle, Lehrer Grewe aus Rukieten, Lehrer Baetke aus Grenz, Paul Rickert aus Vorbeck Heide, Stellmacher Schroeder aus Vorbeck, Lehrer Saß, Paul Lemmermann aus Wiendorf, Werner Hirsch, Herrmann Szerlerski sowie die Herren Bleck und Göldenitz aus Zeez.

Fritz Jörn und Paul Ruß

Paul Ruß wird später der höchst dekorierte Imker des Vereins, er erhält sowohl die Goldenen Ehrennadel als auch die Verbandsnadel des VKSK in Gold.

1951

Der Imkerverein Schwaan wird in „Uns Immen" nicht unter den 21 Mecklenburger Vereinen genannt, die das Wachsablieferungssoll von nur 10 g pro Volk (also von 3,5 kg für den ganzen Verein) erfüllt haben.

1953

Umbenennung in *Sparte Bienen* im Verband der Kleingärtner, Siedler und Kleintierzüchter. Es beginnt die Hoch-Zeit der Schwaaner Imkerei mit zeitweise über 80 Imkern und über 1.500 Bienenvölkern. Vorsitzende der Sparte sind nacheinander:

Friedrich Tralau

Friedrich Wiechmann

Friedrich Luckmann (1955 bis 1970)

Paul Martens (1970 bis 1977)

Alex Praast (1977, kommissarisch)

Ulrich Freitag (1977 bis 1979)

Erwin Urich (1979 bis 1987)

Bernd Freitag (ab 1987).

In der „Leipziger Bienenzeitung" erscheint die für 60 lange Jahre letzte Pressemeldung der Schwaaner Sparte Bienen:

Am 18. 7. 1953 verstarb im Alter von 83 Jahren unser Ehrenmitglied

Wilhelm Vollmann, Niendorf.

Er war ein eifriger Besucher unserer Versammlungen und seine langjährigen, praktischen Erfahrungen wurden gern gehört. Den Neuimkern war er ein hilfsbereiter Berater und Helfer. Ein ehrendes Gedenken bewahrt ihm

Sparte „Bienen", Schwaan/Meckl.

Wilhelm Vollmann ist 1932 von Paul Krell in den Monatsanweisungen erwähnt worden, er imkerte in Kuntzsch-Beuten.

Ehrenmitgliedschaften sind recht weit verbreitet als Mittel zur Beitragsentlastung von Rentnern.

Vom 50. Vereinsjubiläum in der HO-Gaststätte „Stadt Schwaan" (Ehrengast war Paul Krell) existiert dieses Foto:

Die Imker Holtfreter, Kleinfeldt und Hirsch (von links, mit Ehefrauen)

Über Holtfreter und Kleinfeldt berichtet 2011 Fritz Wolbring aus Schwaan in der Bützower Zeitung folgendes:

1960 hebbens denn Wilhelm Holtfreter afhaalt, korten Prozess maakt, em dei Konzession afnahmen un em för miehrere Johr wägen Staatsfeindlichkeit inbucht. Ok Walter Kleinfeldt wür in`t Bützower "Hauptquartier" von dei Stasi haalt un verhürt. Irgendeiner harr nich "dicht" hollen, den`n hei hulpen harr bie`t Instellen von`n Westsender. Bi dat Verhüür seet Walter K. so, dat hei dat Stenogramm mitläsen künnte. Keiner künn vermauden, dat hei in`t Stenographieren graad so plietsch wier as bie`t Funken. So harr hei den`n Vördeil, all immer bäten tau öwerleggen, bevör hei `ne Antwurt geew. So recht wat Staatsfindliches künnten sei em denn nich nahwiesen. Hei hett sik doormit ruträden künnt, dat hei bi dei Lüüd man ümmer blots dei richtigen Frequenzen instellen müsste. As dat doorüm güng, dei PGH (Produktionsgenossenschaft des Handwerks) för Rundfunk un Fernsehen tau öwernähmen, wier em dat ein tau heites Iesen un hei hett versöcht, sien Familie as Berufsimker öwer Warrer tau hollen.

Die Stammlokale auf einer Ansichtskarte aus dem Jahre 1965

Auch 1966 wurde in der HO-Gaststätte „Stadt Schwaan" gefeiert, 1976 dagegen in Letschow und 1986 in Wiendorf.

Wiendorf hieß früher „Biendorp", wie eine alte Karte belegt:

1958

Vereinsfeier am Herrentag in Wiendorf (15.05.):

*Stehend: links der Spartenvorsitzende Fritz Luckmann,
rechts Walter Kleinfeldt*

1960er Jahre

Der Verein verwendet jahrelang einen Stempel mit falscher Postleitzahl:

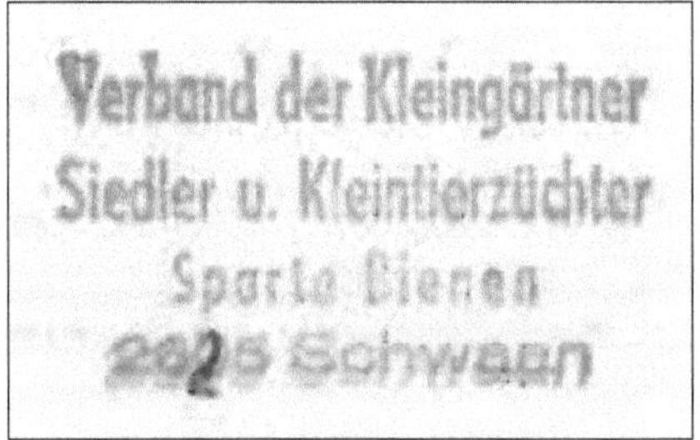

Ende der 60er Jahre

Feldbegehung (Raps gut, alles gut):

von links: Fritz Lutzke, Friedrich Luckmann, Paul Ruß, Helmut Wulf,
Friedrich Jörn

1974

Durch die Struktur des VKSK geht der Zusammenhalt der Imker in
Mecklenburg verloren. Paul Ruß ist zwar Dauermitglied der Kreis-
Sparte, nicht aber des Schwaaner Vorstands. Die Beziehungen zum
Kreis bzw. Bezirk sind durch Distanz, Kommunikationsprobleme und
Eifersüchteleien wegen diverser Auszeichnungen und Nicht-Auszeich-
nungen gekennzeichnet.

*Der Schwaaner Spartenvorstand mit Bezirks-und Kreisvorstand,
von links: Walter Kleinfeldt, Friedrich Luckmann, Paul Kramp, Paul Ruß,
(BV Schwerin), Wilhelm Holtfreter, (KV Bützow).*

Es ist die Zeit der Wettbewerbe. In der Zeitschrift „Garten und Kleintierzucht" erscheint folgende Meldung, die wohl auch die Schwaaner
Imkersparte einbezieht:

Im Bezirk Schwerin unternehmen alle Imkersparten große Anstrengungen zur Erfüllung und Überbietung ihrer Verpflichtungen im sozialistischen Wettbewerb zu Ehren des 25. Geburtstages unserer Republik.

1976

Das Rauchen auf den Versammlungen wird eingestellt. Die
Mitgliederzahl sinkt auf die Hälfte des Höchststandes von 1956.

1977

Die Programme der Sparte Schwaan machen einen ziemlich ungeordneten Eindruck und enthalten im Prinzip nur Banalitäten. Das damals Wichtigste fehlt 1977 sogar: die Spendenbeiträge zur Solidarität.

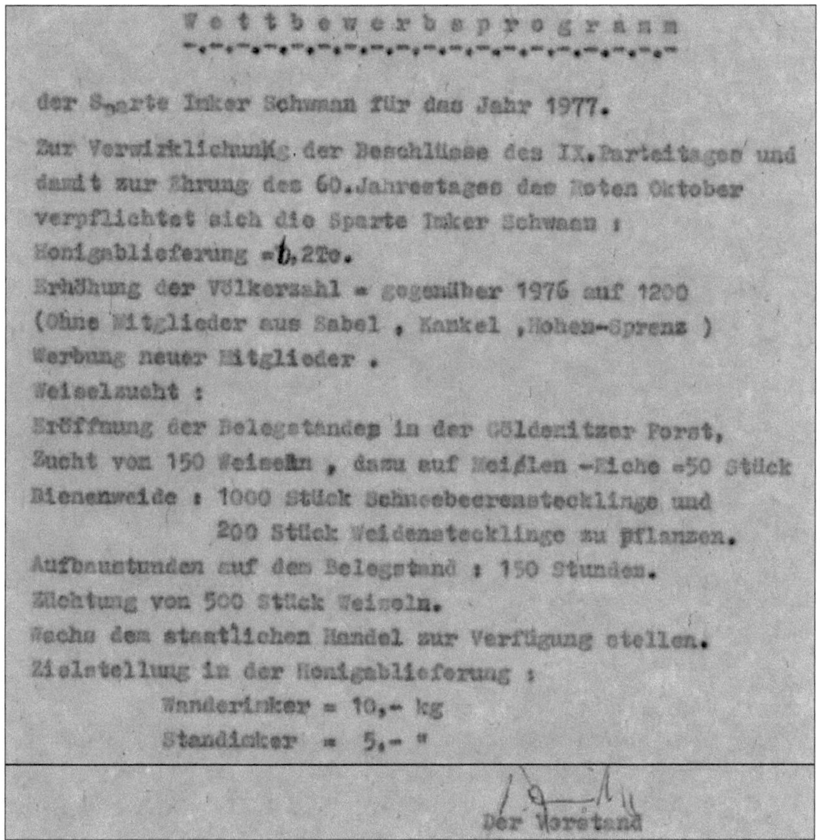

Die Honigablieferungsmenge wurde nachträglich per Hand um eine Tonne herabgesetzt, für alle Fälle.

Die Ergebnisse auf dem Belegstand in der Göldenitzer Forst bleiben bescheiden - an den nahen Rapsfeldern stehen die Wanderwagen Rostocker Imker. Das Bienenhaus der Belegstelle wird 1984 auf Abbruch verkauft, der Schuppen wird Ende der 80er Jahre für eine AG Junger Imker genutzt, die aber nur ein Jahr lang existiert. Die

Spartenmitglieder nutzen die Belegstellen Meilen-Eiche (Krakow) und Müggenburg (Rostocker Heide).

Walter Kleinfeldt auf der Belegstelle

1978

Unheil naht: erstmals taucht im Vereinsprotokoll die Hauptsorge der modernen Imkerei auf: Noch schreibt man „Farootose", aber bald wissen alle, dass die Milbe Varroa genannt wird. Man behandelt die Völker mit Amitraz (Varreszenz-Räucherstreifen aus der BRD) und Ameisensäure.

1980

Die Imkersparte beteiligt sich am Umzug zur 750-Jahrfeier Schwaans. Am Wagen steht: „1906: Gründung der Sparte / 1979: 54 Mitglieder / 6.000 (?) kg Honig".

Auf dem Wagen stehend mit Schleier: Walter Levermann

1981

Protokollvermerk: „Imkerfreund Urich verliest ein Schreiben vom Bezirksvorstand des VKSK über die Solidarität der Sparte Bienen Schwaan – mies, mies…" Die Sparte Schwaan ist die „schlechteste" im Kreis (also schlechter als Bützow und Bernitt).

1983

Hans-Georg Kotalla will Berufsimker werden und schafft sich 60 zusätzliche Normbeuten an, aber er erhält keine Gewerbegenehmigung – die private Imkerei soll Nebenerwerb bleiben, denn einige VEG und LPG richten wieder Großimkereien ein.

Rat des Kreises Bützow
Bezirk Schwerin
Abt. Land- und Nahrungsgüterwirtschaft
Abteilungsleiter
Rat des Kreises Bützow

Herrn
H. G. Kotalla

2526   Schwaan
Wiendorfer Weg 18

Ihre Zeichen   Ihre Nachricht vom   Unsere Zeichen   2820 Bützow, den
                                      la-do   16. Febr. 1984

Werter Herr Kotalla!

Ich bestätige Ihnen den Eingang Ihres Antrages
auf Erteilung einer Gewerbegenehmigung.

Die weitere Bearbeitung Ihres Antrages erfolgt
nach Eingang noch erforderlicher Unterlagen.

Mit freundlichem Gruß

L a n g e

Walter Kleinfeldt erhält die Goldene Ehrennadel des VKSK.
Er gewinnt – als einziger in der Vereinsgeschichte – größere Mengen Bienengift.

Im Verein gibt es 23 Bienenwagen. Die Völkerzahl im Verein erreicht ihren Höchststand.

1984

Paul Martens und Werner Köbcke erhalten eine Urkunde anlässlich des 25. Jahrestages des VKSK. Paul Ruß, Jahrgang 1906, der letzte verbliebene Imker aus dem Neugründungsvorstand von 1947, hört nach 38 Jahren mit der Imkerei auf.

Die Varroa-Milbe ist allgegenwärtig. Die damaligen Behandlungsrichtlinien sind auch heute noch aktuell: sie umfassen biologische, medikamentöse und hygienische Maßnahmen. Zahlreiche Mitglieder belegen Kurse für Bienenseuchensachverständige.

1986

Der Jahresplan auf einem kleinen Abrisszettel:

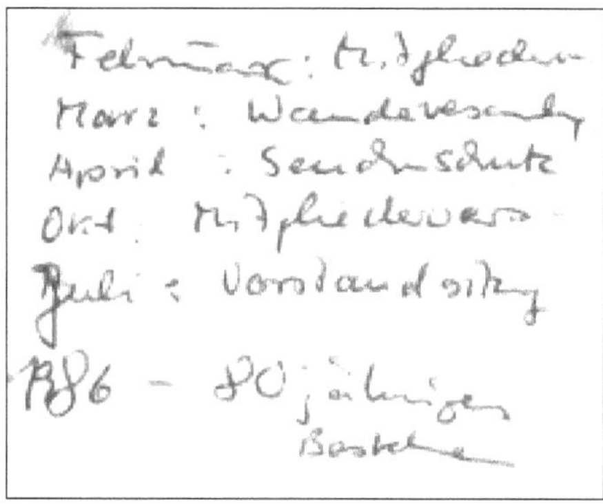

Letzte große Imkerfeier in Wiendorf. Ehrengäste sind Paul Martens und Paul Ruß. Paul Kramp aus Kambs hält einen langen Vortrag über die Geschichte der Schwaaner Imkersparte, in dem er aus dem später verschollenen Gründungsprotokoll des Vereins zitiert. Sein Wunsch, dass die Sparte auch ihr 90. und 100. Jubiläum feierlich begehen möge, geht nicht in Erfüllung.

Obwohl Schwaan im Bezirk Schwerin liegt, erreicht die aufkommende Mode der Magazinimkerei mit dem „Schweriner Maß" die Sparte Schwaan nicht. Lediglich Ignaz Kubisch imkert damit. Das Hauptproblem ist, dass die Frage der Wanderung mit den Magazinbeuten technologisch nicht geklärt ist.

1991

Zusammenbruch der Imkerei in Mecklenburg: Vier Fünftel der Schwaaner Imker geben die Imkerei auf, reißen die Bienenhäuser ab und verkaufen oder verschenken ihre Bienenwagen. "Schuld" ist neben der Varroa der Einbruch des Honigabsatzes und die berufliche Neuorientierung vieler Imker.

Umbenennung in *Imkerverein Schwaan*, Vorsitzender bleibt Bernd Freitag.

1997

Nur die ganz Unverzagten sind noch dabei: 4 Imker mit 29 Völkern bilden den ganzen Verein (Walter Kleinfeldt, Fritz Pawelke, Hans-Georg Kotalla und Bernd Freitag), erst dann geht es langsam wieder aufwärts. Kein Imker hat mehr Ehrgeiz auf Imkerei im großen Stil oder gar Wanderungen. Bernd Freitag schafft sich im Jahr 2000 Heroldbeuten an und wird so der erste echte Magazinimker des Vereins nach Paul Krell. Er ist auch der Einzige, der noch wandert.

Nur vier der früheren Mitglieder treten dem Verein später wieder bei: Günter Bublitz, Hans-Jürgen Praast, Frank Haase und Wolfgang Seel.

2001 – 2003

Vier Mitglieder des Imkervereins Schwaan erhalten die Goldene Ehrennadel des Deutschen Imkerbundes: Walter Kleinfeldt, Hans-Georg Kotalla, Fritz Pawelke und Günter Bublitz.

Ab 2002 ist Günter Bublitz Vereinsvorsitzender. Der Imkerverein beteiligt sich jährlich am Brückenfest der Stadt Schwaan mit einem Informations- und Verkaufsstand.

2005

Am Festumzug zur 775-Jahrfeier der Stadt Schwaan nehmen die Schwaaner Imker in Imkerkleidung teil:

Walter Kleinfeldt als "Pappi Krell" in schwarzer Lehrertracht, die anderen als seine "Schüler" ganz in Weiß. Eine Kutsche ist nicht mehr dabei.

2006

Der Imkerverein Schwaan ist 100 Jahre alt, feiert aber kein Jubiläum.

2013

Erstmals besteht der Vorstand nur aus Nicht-Schwaanern: dem Ehepaar Brätz aus Rostock sowie Bernd Freitag aus Zepelin und – kurzzeitig – Anja Pawelke-Schulz aus Hohen Sprenz. Er bringt neuen Schwung und neue Ideen ins Vereinsleben ein. Man trifft sich wieder regelmäßiger.

Der Verein gibt sich ein Logo, gezeichnet von Jola Brätz.

Es zeigt Offensichtliches – eine Bienenkönigin auf dem Schwan auf der Warnow vor einem Rapsfeld und strahlend blauem Himmel – verbindet aber zugleich das Lokale, Kleinstädtische mit Tiefgründigem: uralten Menschheitssymbolen, ägyptischen Hieroglyphen und Sternbildern. Das Sechseck erinnert an eine um 60° gedrehte Wabenzelle, könnte aber auch ein stilisiertes zwinkerndes Auge sein – also das ist vor allem Spaß.

Verabschiedung von Günter Bublitz durch die Damen im neuen Vorstand

Der Verein meldet sich zurück in der Imkerpresse – mit Versammlungsanzeigen und einem Foto von zahmen Bienen im Deutschen Bienenjournal (Mai 2013):

Der Vorstand nimmt – auf eigene Kosten – an der Apimondia in Kiew teil.

Jola Brätz in Kiew mit dem weltbekannten Bienenforscher Prof. Tom Seeley und Tatyana Vasilkivska, der Cheforganisatorin der Apimondia

```
Thank you for the lovely photo.  Brings back warm (but vodka clouded) memories!

My best,

Tom

Thomas D. Seeley
Horace White Professor in Biology and Chair
Department of Neurobiology and Behavior
Cornell University
Ithaca, New York 14853, USA
Phone: 607-254-4340 (Chair's Asst.)
Office 607-254-4301, Lab 607-275-9566, Mobile/Cell 607-279-5498
Web: http://www.nbb.cornell.edu/seeley.shtml
```

2014

Bernd Freitag erhält die Goldene Ehrennadel des Deutschen Imkerbundes.

2015

Paul Krells Bienenschauer „mit dem Turm", das „Tempelhaus" am Kohlsteig, soll abgerissen werden – der Vorstand versucht dies zu verhindern. Bei Redaktionsschluss steht das Gebäude noch.

Der Verein unternimmt erstmals eine Gruppenreise über die Landesgrenzen hinweg – nach Bad Sassendorf zu einer Freiluftschulung mit Frau Dr. Pia Aumeier und einer Wachsschulung bei Werner Volkmann in Soest.

Das Ehepaar Brätz nimmt an der Apimondia im südkoreanischen Daejeon teil.

2016

Im April erscheint im Deutschen Bienenjournal nach 80 Jahren wieder ein Artikel aus dem Imkerverein Schwaan – eine Kurzfassung dieser Chronik.

Walter Kleinfeldt erhält eine Ehrenurkunde des Deutschen Imkerbundes zum 70jährigen Imkerjubiläum.

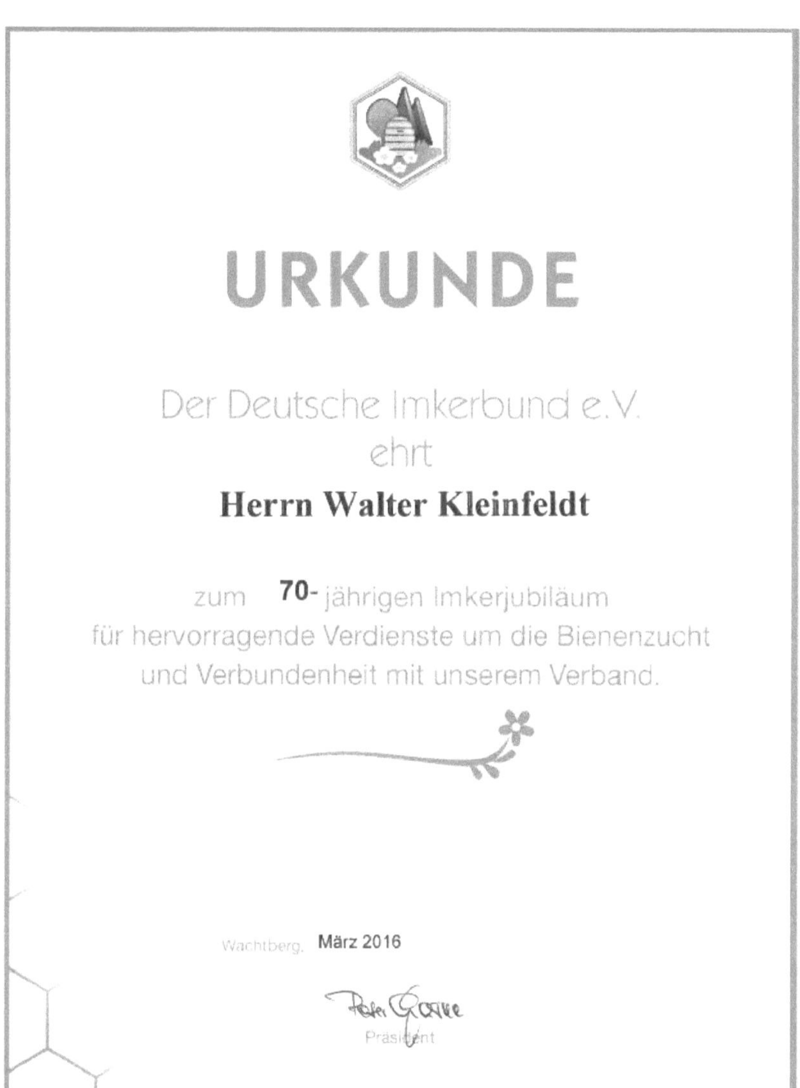

Für die Jubiläumsveranstaltung im September 2016 wurden mit Dr. Pia Aumeier und Dr. Gerhard Liebig die bekanntesten deutschen Imker der Gegenwart als Redner gewonnen.

Mitgliederstatistik

Jahr	Mitglieder	Wirtschaftsvölker
1906	8	80
1921	56	?
1923	80	?
1925	36	632
1928	36	?
1933	24	494
1952	?	341
1956	84	1.173
1966	68	?
1976	64	662
1986	47	1.500
1991	11	104
1997	4	29
2000	6	64
2003	14	111
2016	21	155

Insgesamt hatte der Verein in den 110 Jahren seines Bestehens etwa 220 Mitglieder, darunter ca. 15 Damen. Etwa 125 Mitglieder sind in den vorhandenen Vereinsdokumenten namentlich genannt, von den Gründungsmitgliedern jedoch nur drei: Paul Krell, der Schwaaner Armenhausinspektor Oberhauer und Herr „Agent" Harloff (gestorben 1933).

Am längsten Mitglied sind bzw. waren: Walter Kleinfeldt - 70 Jahre, Fritz Pannwitt - 58 Jahre, Hans-Georg Kotalla - 52 Jahre, Paul Krell - 50 Jahre, Friedrich Jörn - 50 Jahre, Günter Bublitz - 50 Jahre, Hans-Jürgen Praast – 50 Jahre.

Natürlich gab es auch viele, die keine ganze Saison durchhielten.

Die Mitglieder kamen – bis auf 7 Rostocker – sämtlich aus Schwaan und aus folgenden umliegenden Dörfern:

Bandow, Benitz, Bernitt, Bröbberow, Brookhusen, Buchholz, Göldenitz, Groß Grenz, Groß Potrems, Hof Tatschow, Hohen Sprenz, Huckstorf, Kambs, Kankel, Kassow, Klein Grenz, Letschow, Mistorf, Niendorf, Passin, Rukieten, Sabel, Vorbeck, Werle, Wiendorf, Zeez, Zepelin und Ziesendorf.

Die erhaltene Mitgliederkartei aus dem Jahre 1984 erlaubt eine Analyse der damaligen Sozialstruktur des Vereins:

Das Durchschnittsalter betrug 53 Jahre (heute 57).

Von den erfassten 43 Mitgliedern waren 4 Damen, 9 waren Mitglied der SED, 2 Mitglied der NDPD. 15 waren Rentner, 7 Schlosser, 7 Angestellte von LPG, 4 Kraftfahrer, 3 Eisenbahner, 2 Krippenerzieherinnen, 2 selbständig, 2 Lehrer und 1 Fernmeldemonteur.

Heute kommen die Mitglieder aus Schwaan sowie Wiendorf, Rukieten, Hof Tatschow, Groß Potrems, Zepelin und Rostock.

Leider sind einige Imker aus dem Amt Schwaan heute in anderen Vereinen organisiert (Bützow, Kröpelin und Rostock) und wie immer weitere vereinslos.

Und woher kommen die Bienen?

Vor 1936 setzt man auf die vorhandene Landbiene. Die Umweiselungen auf die Nigra aus der Schweiz im Jahre 1936 erweisen sich als Flop. Im Gegensatz zu anderen Landesfachgruppen (wie etwa Pommern) wird aber nicht noch während des Krieges auf die Carnica umgeschwenkt. Man bleibt bei der Landbiene und erst um 1950/1951 beginnt der damalige Jungimker Walter Kleinfeldt als erster mit der Carnica zu imkern.

Nach 1960 kauft die Sparte gelegentlich Zuchtvölker in Thüringen.

Die nach 1990 aus dem Westen eingeführte Buckfastbiene findet keinen Eingang in den Imkerverein Schwaan – einige Versuche bleiben unbefriedigend und man bleibt bei der Carnica, was dann sogar Eingang in die 2013 formulierte Satzung findet. Allerdings gibt es auch Imker aus anderen Vereinen in Schwaan, die Buckfast-Bienen halten und italienische Kunstschwärme beziehen.

Und wie viel Honig wird geerntet?

Sichere Zahlen zur Honigproduktion gibt es natürlich nicht – niemals wurde der Eigenverbrauch der Imker gewogen. In den 80er Jahren wurden pro Jahr bis zu 10 Tonnen Honig an die staatlichen Aufkaufstellen abgeliefert, wofür die Imker über 100.000 M der DDR erhielten. Diese Verdienstmöglichkeiten gibt es heute natürlich nicht mehr, zumal der Aufwand für Hygiene, Verpackung und Vermarktung deutlich gestiegen ist.

Derzeit liegt die jährliche Honigausbeute der Vereinsmitglieder bei ca. 2.000 kg, wovon etwa die Hälfte in den Verkauf gelangt, während der Rest „in Familie" verspeist wird.

Wer gern „echten Schwaaner Honig" haben möchte und keinen Imker kennt, kann auf dem jährlichen Schwaaner Brückenfest alle Vereinsmitglieder kennenlernen, ihren Honig probieren und seinen Favoriten herausfinden.

Und wo leben die Bienen?

Keine Frage hat die Imkerschaft so bewegt wie die nach der idealen Bienenwohnung, die es gar nicht gibt. In der „Leipziger Bienenzeitung" war das schon 1895 mit Humor genommen worden:

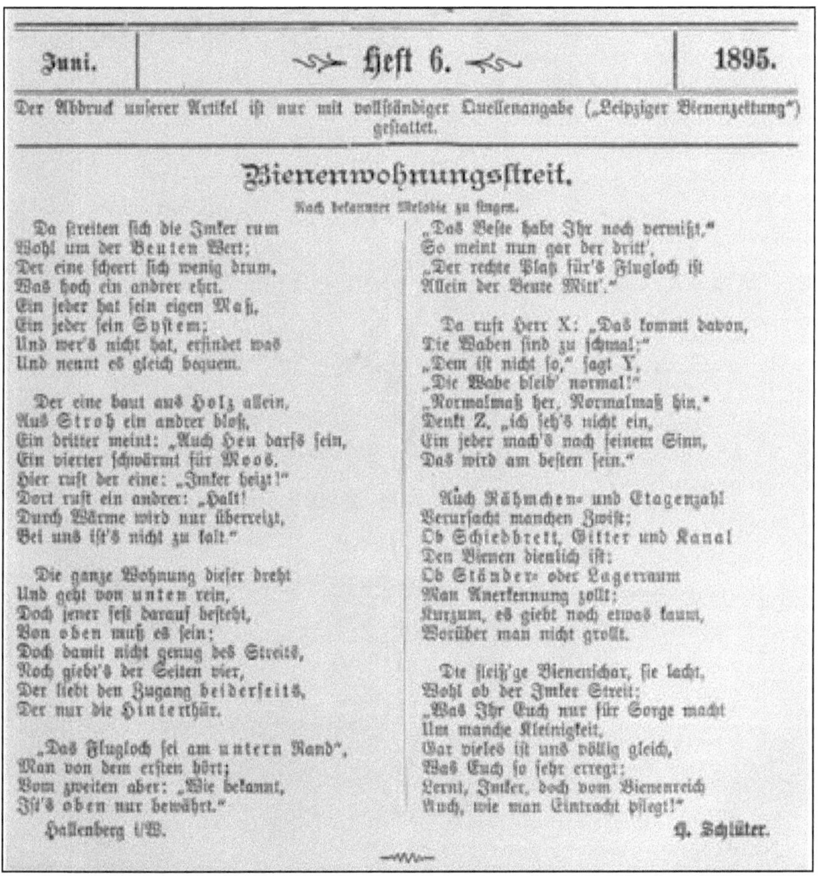

Juni.	→- Heft 6. -←-	1895.

Der Abdruck unserer Artikel ist nur mit vollständiger Quellenangabe („Leipziger Bienenzeitung") gestattet.

Bienenwohnungsstreit.

Nach bekannter Melodie zu singen.

Da streiten sich die Imker rum
Wohl um der Beuten Wert;
Der eine schert sich wenig drum,
Was hoch ein andrer ehrt.
Ein jeder hat sein eigen Maß,
Ein jeder sein System;
Und wer's nicht hat, erfindet was
Und nennt es gleich bequem.

Der eine baut aus Holz allein,
Aus Stroh ein andrer bloß,
Ein dritter meint: „Auch Heu darfs sein,
Ein vierter schwärmt für Moos.
Hier ruft der eine: „Imker heiz!"
Dort ruft ein andrer: „Halt!
Durch Wärme wird nur überreizt,
Bei uns ist's nicht zu kalt."

Die ganze Wohnung dieser dreht
Und geht von unten rein,
Doch jener fest darauf besteht,
Von oben muß es sein;
Doch damit nicht genug des Streits,
Noch giebt's der Seiten vier,
Der liebt den Zugang beiderseits,
Der nur die Hinterthür.

„Das Flugloch sei am untern Rand",
Man von dem ersten hört;
Vom zweiten aber: „Wie bekannt,
Ist's oben nur bewährt."
Hallenberg i/W.

„Das Beste habt Ihr noch vermißt,"
So meint nun gar der dritt',
„Der rechte Platz für's Flugloch ist
Allein der Beute Mitt'."

Da ruft Herr X: „Das kommt davon,
Die Waben sind zu schmal;"
„Dem ist nicht so," sagt Y,
„Die Wabe bleib' normal!"
„Normalmaß her, Normalmaß hin,"
Denkt Z, „ich seh's nicht ein,
Ein jeder mach's nach seinem Sinn,
Das wird am besten sein."

Auch Rähmchen- und Etagenzahl
Verursacht manchen Zwist;
Ob Schiedbrett, Gitter und Kanal
Den Bienen dienlich ist;
Ob Ständer- oder Lagerraum
Man Anerkennung zollt;
Kurzum, es giebt noch etwas kaum,
Worüber man nicht grollt.

Die fleiß'ge Bienenschar, sie lacht,
Wohl ob der Imker Streit:
„Was Ihr Euch nur für Sorge macht
Um manche Kleinigkeit,
Gar vieles ist uns völlig gleich,
Was Euch so sehr erregt;
Lernt, Imker, doch vom Bienenreich
Auch, wie man Eintracht pflegt!"
G. Schlüter.

Vielleicht ist es schade, dass heute die Strohkörbe nur noch als Dekoration dienen, denn zweifellos haben sie Jahrhunderte lang vorzügliche Dienste geleistet:

1. Da streiten sich die Leut' herum
wohl um ihr Wohn„system“,
und einer nimmt's dem andern krumm,
ist seins ihm nicht genehm.
Doch, schallt auch lärmend ihr Geschrei,
mir klingt es fern und dumpf:
ich halt' es in der Imkerei
noch mit dem Immenrumpf

2. Man sieht es seiner Form schon an,
wie bieder er doch ist,
drum imkert, seit man denken kann,
darin ein jeder Christ:
der Walze regelrechtes Rund,
darauf ein Kugelstumpf,
darin mit Futterloch ein Spund, —
das ist mein Immenrumpf.

3. Wie wohnlich ist dies Haus von
wenn's kühl im Sommer hält, [Stroh:
macht es im Winter warm und froh
wie sonst nichts in der Welt.
Und ist der Kastler aus dem Haus,
daß ihm sein Volk verschrumpf,
so breitet meins sich kräftig aus
in meinem Immenrumpf.

4. Er zeigt auch grad' das rechte Maß
erwünschter Trockenheit:
wohl hält er ein klein wenig Naß
für Immleins Durst bereit,
doch birgt er dies im Haupte nur,
wird niemals gar zum Sumpf,
drum ist von Schimmel keine Spur
in meinem Immenrumpf.

5. So zeigt ein fröhliches Gedeihn
mein Immlein allezeit
und macht, bei guter Tracht, im Mai'n
sich oft schon schwarmbereit:
da wird nicht lang gezwickt, gezwackt,
nein, Mutter nimmt den Strumpf,
setzt sich ans Schauer, strickt und blickt
mal nach dem Immenrumpf.

6. Und ist im Herbst er rein von Brut,
kommt auch mein Erntetag:
da schmeckt der Honig mir so gut,
daß keinen sonst ich mag.
Drum, nennt „stabil“ ihr meine Weis,
dies grade ist mein Trumpf:
ich bin „stabil“, um keinen Preis
laß ich vom Immenrumpf!

Georg Schröder (Kiel). Imker-Liederbuch.*)

*) Das sehr empfohlen sei!

Auch Wilhelm Busch kannte sich mit Bienenwohnungen aus und sah den Bienenwohnungsstreit gelassen – und mit dem ihm eigenen Humor:

Wilhelm Busch über den Strohkorb.

„Ich muß gestehen, daß ich neben den vortrefflichen Kästen auch gern einen alten, malerischen Strohkorb sehe. Er kommt mir immer vor wie ein altes, würdiges Menschenhaupt, wo die Gedanken ein- und ausfliegen. Bald spielen sie gemütlich vor, wie am heiteren Morgen bei Pfeife und Mokka; bald sitzen sie behaglich brummend an der Stirn in traulicher Dämmerstunde; bald fliegen sie emsig ab und zu im Sonnenglanze des vollen Tages und suchen und sammeln, teils in Blüten, teils aber auch in den Schätzen der Herren Nachbarn, und legen ihre Schätze dann nieder in die goldenen Gefäße der Erinnerung. Wie bös wird solch ein Kopf, wenn man nur ein wenig daran rüttelt und rührt, mit welchem Stolze saust und braust es darin; und doch — wenn der Herbst kommt, so muß er sich vielleicht ganz demütig bescheidentlich als Bettelschwarm vor die Türe des Himmels setzen.

Das wäre ein ganz achtungswerter Vergleich, wenn er nicht hinkte. Denn leider ist bei vielen unserer Köpfe das Verhältnis umgekehrt wie beim Bienenkorbe, das Stroh ist drinnen, und die Gedanken sind draußen."

In Schwaan hatte die Normierungsbewegung in der DDR zur fast flächendeckenden Verbreitung der Hinterbehandlungsbeuten mit Normalmaßrähmchen geführt.

Heute gibt es in Schwaan außer den alten Normbeuten Magazine (Heroldbeuten, Zanderbeuten, Segeberger Beuten usw.) und Bienenkisten, was kein Grund zum Streit mehr ist. Es gibt auch immer wieder Völker, die in Baumhöhlen leben – leider ohne echte Überlebenschance.

Paul Krell als Mann seiner Zeit

Als Paul Krell 1958 starb, erwähnten seine Kinder in der Sterbeanzeige mit keinem Wort die Imkerei. Obwohl beide Kinder eigentlich „Imkerberufe" studiert hatten, war ihnen das Imkern fremd geblieben. Und Krell hatte die Imkerei 1955 aus gesundheitlichen Gründen aufgegeben, seine Bienen waren verkauft, die Beuten verbrannt und das Bienenschauer im Kohlsteig war zum Geräteschuppen umfunktioniert worden.

Nach einem arbeitsreichen Leben entschlief heute sanft unser lieber Vater, Schwiegervater und Großvater

der Lehrer i. R.

Paul Krell

im 80. Lebensjahre

In stiller Trauer:

Johanna Krell, Lehrerin in Schwaan
Wilhelm Krell, Pastor in Brüz
Hilde Krell, geb. Reimer
Gerhard Krell

Schwaan, den 24. August 1958
Rudolf-Breitscheid-Str. 6

Beerdigung am Mittwoch, dem 27. August 1958, um 14.30 Uhr

Die Sparte veröffentlichte keinen Nachruf in der Imkerpresse, dabei war Krell ein Glücksfall für den Verein gewesen und die ideale Besetzung für den Posten des Vorsitzenden. Er war vierzig Jahre lang gewissermaßen der Imkerverein in Person. Walter Kleinfeldt hält ihn auch heute noch für den besten Vereinsvorsitzenden, den der Verein jemals hatte. Er war wohl (neben Luckmann) auch der Einzige, der nicht froh war, als er den Posten wieder los war.

Krells Hoch-Zeit waren die Jahre 1925 bis 1936 – er engagierte sich auffällig und öffentlich, hatte sehr gute Beziehungen zum Landesverband Mecklenburg-Schwerin und trat häufig zwischen Rostock und

Güstrow als Wanderredner auf. Man kannte sich von Berufs wegen – auch Gustav Griese, Karl Pinkpank (bis 1933 der Mecklenburger im D.I.B.-Vorstand und nach 1945 der Vorsitzende des neu gegründeten Landesverbandes Mecklenburg-Vorpommerscher Imker) sowie Walter Kittmann (ab 1933 der Landesgruppenvorsitzende) waren Absolventen des Lehrerseminars in Neukloster. In Neukloster gab es einen Bienenstand, wo die Seminaristen selbst imkern konnten.

In Neukloster hatte auch Hans Franck studiert, der bekannte Schriftsteller, der auf der hier abgedruckten Todesanzeige vermerkte „Klassenkamerad Neukloster", bevor er sie abheftete. Und man besuchte sich gegenseitig, in den 20er Jahren war der Rostocker Verein regelmäßig in Schwaan und er revanchierte sich auch mit einer Einladung zu seinem 50. Jubiläum. Gustav Griese war 1931 bei Krell in Schwaan, Pinkpank war 1932 gleich zweimal da (und einmal beim Schwaaner Hausfrauenverein) und Hans Franck war 1957 Gastgeber eines Klassentreffens auf dem Frankenhorst bei Schwerin, wohin also Krells vorletzte Reise führte, von der er begeistert zurückkehrte.

Pinkpank erwähnte Krell in einem seiner damals populären Gedichte:

> Ernst Albrecht, Götting, Krell un Suhr
> gahn sich miehr ut ehr Immenschur,

wobei Ernst Albrecht, Götting und Suhr bekannte Imker aus Schwerin waren.

Mit dem Imker Suhr sowie mit dem Imker Dahnke aus Güstrow hielt Krell 1931, 1932 und letztmals 1933 sehr aufwändig vorbereitete zweitägige Imkerkurse auf dem Rostocker Lehrbienenstand im Barnstorfer Wald ab. In den Monatsanweisungen bezeichnet er diesen Stand als mustergültig eingerichtet. Leider war er nicht brandsicher und wurde eines Nachts abgefackelt.

Bernhard Dahnke, Landwirtschaftslehrer und Güstrower Vereinsvorsitzender, war eine beinahe tragische Figur: ambitioniert und erfolglos. Er hatte sehr vernünftige Schriften über die Bienenhaltung in Strohkörben veröffentlicht („Die Bienenzucht als Erwerbsquelle für Kriegsbeschädigte und Landarbeiter; „Der Bienenkorb mit Breitwaben [Gaus'nest =Gänsenest]"; „Landwirtschaft und Bienenzucht"), aber die Zeit der Strohkörbe war einfach vorbei. Seine „Mecklenburger Volksbeute", die in Kavelstorf in der Tischlerei Schmidt hergestellt werden sollte, war dagegen ein echtes Magazin und sah schick aus, konnte sich aber trotz der intensiven Unterstützung des Landesverbandes überhaupt nicht durchsetzen.

Die Werke von Bernhard Dahnke

Paul Krell imkerte ab 1930 in selbst geschreinerten Gerstung-Beuten. 1931 hatte er eine Serie mit losem Bodenbrett und ohne Hintertür hergestellt (die Tischlerei hatte er bei seinem Vater in Penzlin gelernt). Das waren richtig moderne Magazinbeuten, die man auch heute noch gut verwenden könnte. Leider ist keine erhalten und leider machte auch sein Beispiel keine Schule – Gerstung-Beuten kamen nach 1930 aus der Mode, weil die Hinterbehandlung wieder im Kommen war (der D.I.B.-Präsident Kickhöffel hatte z.B. Kuntzsch-Beuten). In den Schwaaner Vereinsprotokollen werden Gerstung-Beuten 1972 zum letzten Mal erwähnt, als eine Imkerwitwe welche loswerden wollte, aber keinen Abnehmer mehr fand. Aus dem Bestand des Lehrers Stahl in Huckstorf ist jedoch heute noch eine serienmäßig hergestellte Gerstung-Beute im Besitz des Vereinsvorsitzenden. Und es gibt auch noch einige Zuchtkästen mit halbem Zandermaß, die aus Krells Bestand stammen sollen.

Politisch war Krell – wie viele Imker seiner Zeit – konservativ („kaiser-treu") und deutsch-national gesinnt. Er wählte in den 20er Jahren und bis 1932 DnVp und stand den Nationalsozialisten bis zu deren Machtergreifung durchaus kritisch gegenüber. Im Laufe des Jahres 1933 allerdings fielen sämtliche Vorbehalte.

Das einzige Gemeinschaftsfoto der Mecklenburgischen Imkervereinsvorsitzenden (1932) – leider ohne Paul Krell

Paul Krell jedenfalls ließ sich zunächst hinreißen, wie seine Meldungen in „Uns' Immen" augenscheinlich belegen.

Ofg. Schwaan, 15. März, 2 Uhr, im „Meckl. Hof", Versammlung. Es sprechen Bürgermeister Dr. Schöps, Weidewart Jörn, Lehrer Roggmann und Krell. Film, Zuckerverteilung, Aufstellung neuer Völker, Geschäftliches. — Wer an der Nahrungsmittelfreiheit Deutschlands mitarbeiten will, der erscheint.   Krell.

Insbesondere hatte es ihm freilich die Königinnenzucht angetan, für die er schon in den Monatsanweisungen von 1932 geworben hatte:

Ojg. Schwaan. 7. Juni Besichtigung der Bienenstände östlich der Warnow. Abfahrt von der Eisenbahnbrücke um 2 Uhr. Völker, die an diesem Tage umgeweiselt werden sollen, sind vorher zu melden. Nigra-Königinnen werden mitgebracht.

Zuchtkursus auf dem Stande des Lehrers Krell im Kohlsteig am 31. Mai und 14. Juni, um 2 Uhr, an den Völkern. Auswärtige Gäste willkommen. Vergnügte Gesichter mitbringen. Krell.

Er war einer von acht gesondert geschulten Königinnenzüchtern der Landesfachgruppe, der 14 Vereine bedienen sollte:

Die Landesfachgruppe Mecklenburg hat im vergangenen Jahre eine Reihe von Herren in der Königinnenzucht besonders ausbilden lassen, deren Namen hier noch einmal mit voller Adresse folgen sollen.

Herr Buck, Grabow i. M., Karstädterweg 8.
Herr Hamdorf, Priemerburg bei Güstrow.
Herr Hamp, Hastorf bei Parkentin.
Herr Hillert, Dickhof bei Plaaz.
Herr Kempert, Klein-Daberkow bei Gerzenhof.
Herr Rehberg, Sponholz bei Neubrandenburg.
Herr Krell, Schwaan i. Mecklbg.
Herr Ulrich, Burg Stargard i. Mecklbg.

Wo liehr ik Königinnentucht recht gründlich kennen?

Herr Krell: Ortsfachgruppe: Schwerin, Biendorf, Gadebusch, Schönberg, Schönboj, Wittenburg, Kastahn, Schwaan, Mistorf, Sternberg, Bützow, Brüel, Dassow, Klütz.
Herr Rehberg, Ulrich und Kempert: Ortsfachgruppe: Neustrelitz, Friedland, Schönbeck, Neubrandenburg, Quadenschönfeld, Woldegk, Sponholz, Kittendorf, Ivenack, Rosenow, Penzlin, Groß-Nemerow.
Frau von Treuenfels: Ortsfachgruppe: Lübz, Malchow, Goldberg, Plau, Friedrichsruhe, Parchim. Frau von Treuenfels.

„Obmann" für Königinnenzucht der Landesfachgruppe Mecklenburg und Lübeck war in diesen Jahren Herta von Treuenfels, geb. Bronsart von Schellendorf. Krell kam – wenn man den Zeitungsartikeln trauen darf – offenbar gut mit ihr aus. Frau von Treuenfels, Gutsbesitzerin auf Neu Damerow bei Karow und politisch richtig „reaktionär", war die einzige Frau, die vor 1945 in der Mecklenburger Imkerei in Erscheinung trat, als Entenzüchterin deutschlandweit bekannt und recht geschäftstüchtig dazu. Sie betrieb eine Reinzuchtbelegstelle für die Nigra-Linie von Prof. Zander und lieferte die für die Umweiselungen benötigten Königinnen in großer Zahl. Die Preise sind leider nicht überliefert.

1945 wurde sie bei der Bodenreform enteignet und lebte danach als Kleinbäuerin in Kühlungsborn. Ihre Belegstelle Damerow war 1948 trotz vorübergehender Stilllegung immer noch die einzige anerkannte Reinzuchtbelegstelle im Land. Frau von Treuenfels wurde ebenfalls 1948 in eine Normierungsgruppe für Zuchtgerätschaften berufen, die freilich nie aktiv wurde. In den 50er Jahren floh sie in den Westen und hat dort keine Bienenzucht mehr betrieben. Ihr Bienenzuchtbetrieb spielte nach 1990 noch einmal eine Rolle bei der Abwicklung der DDR, als er nämlich nicht an die Nachkommen der Frau von Treuenfels zurück übereignet wurde.

Noch im Laufe des Jahres 1936 trat bei Krell Ernüchterung ein. Wir wissen nicht, warum er auf einmal verstummte – jedenfalls erschienen fortan keine Artikel von ihm mehr – weder in „Uns' Immen" noch sonst irgendwo. Vielleicht hatte seine Frau ein Machtwort gesprochen oder sein Sohn (der in Rostock Theologie studierte, ab 1939 übrigens zusammen mit Karl Pinkpanks Sohn Ernst-Günther) hatte Probleme, oder er hatte sich mit Kittmann überworfen, der auch Schriftleiter von „Uns' Immen" war, vielleicht aber hing es auch mit Paul Marcus zusammen.

Paul Marcus war ein jüdischer Arzt, der in Schwaan praktizierte und sich 1936 das Leben nahm. Seine Beerdigung soll unter großer Anteilnahme der Einwohner von statten gegangen sein. Seltsam war dabei die geografische sowie die Namenskonstellation: Paul Marcus wohnte am Pferdemarkt, also nördlich der Paulskirche von Schwaan, Paul Krell in der Bützower Straße südlich der Paulskirche. Es ist undenkbar, dass der eine Paul von dem anderen keine Notiz genommen hat.

Vielleicht handelte Krell nach der Devise:

> *Wenn bitter sich die Menschen streiten*
> *Um Großes und um Kleinigkeiten,*
> *Da weiche ich am liebsten aus*
> *Und flüchte mich ins Bienenhaus.*
>
> *Hör ich das friedliche Gesumm,*
> *Vergeß ich Schelten und Gebrumm,*
> *Und aller Krieg und Krach auf Erden*
> *Kann mir sogleich gestohlen werden.*

Imker sind eben keine Aufrührer.

Paul Krells pädagogische Leistungen sind aus heutiger Sicht durchaus kritisch zu bewerten. Überliefert ist die Anekdote, dass er seinen späteren Nachfolger im Amt des Vereinsvorsitzenden, Ulrich Freitag, als Schüler in der damals üblichen Lehrerart mit Prügel bestrafte, worauf dessen Vater bei ihm vorsprach und sich derartige Strafen ein für allemal verbat, woran sich Krell wohl auch hielt. Zum Glück hat diese Strafe den Schüler nicht von der Imkerei abgeschreckt.

Das vorn in der Chronik gezeigte Bild von Krell ist ein Ausschnitt aus einem größeren Bild von einem Ausflug mit der Schulkapelle nach Graal-Müritz im Sommer 1909.

In den Monatsanweisungen beschrieb Krell, wie ein paar Jungen im Frühjahr 1932 auf seinem Bienenstand erschienen, von denen einer durchaus auch Walter Kleinfeldt gewesen sein könnte, denn der war damals 10 Jahre alt:

Ich war bei den Bienen beschäftigt. Da kamen einige meiner Schüler in den Garten. Ich hatte ihnen erlaubt, an diesem Tage sich an den Bienen freuen zu dürfen. „Wir legen uns auf das Stroh vor das Bienenhaus, da haben wir schon oft gelegen," sagt der eine. „Denn mal los," ist meine Antwort, und so legen wir uns alle hin und freuen uns zu den Bienen. Bald haben die Jungens Bienen auf den Händen. Nun setzt sich eine auf meine Nase. „Die ist aber dreist, setzt sich einem Lehrer auf die Nase," meint Fritz. „Welche Völker sollen schwärmen, die Körbe hier in der Sonne doch? Die im Schatten schwärmen doch wohl selten, die bekommen doch keine Sonne? Die Johannisbeerbüsche stehen hier doch, um die Bienen zu beschatten, sie sollen doch nicht faul werden und auf Dummheiten kommen? Wenn sie nichts zu tun haben, schwärmen sie doch?" Ich bestätige den Jungens, daß ihre Gedanken ganz richtig waren.

Lieber Imker, das kleine Ereignis zeigt, daß schon Kinder für die Imkerei zu haben sind.

Aus meinem Imkerleben

Paul Krell *aus: Uns' Immen 1926 (Originalschreibweise)*

Es war am 27. Juni des Jahre 1889. Es war mein Geburtstag. Zehn Jahre wurde ich alt. „Wir wollen zum Förster gehen," sagte mein Vater zu mir, „da habe ich etwas für dich." Wir gingen zu dem von Malzahnschen Förster Babendererde, der vor dem Neubrandenburger Tore meiner Vaterstadt Penzlin wohnte. Im Garten angelangt, erblickte ich hier zwei Bienenschwärme in Körben stehend. "Dat is dien Geburtstagsgeschenk," sagte treuherzig der weißhaarige Förster. Meine Freude war groß. Welche Veranlassung den Wunsch nach Bienen in mir hatte entstehen lassen, weiß ich nicht, vielleicht ist die Ursache darin zu suchen, daß in der Nähe meines elterlichen Gartens, etwa 30 Schritte entfernt an der alten Stadtmauer, der alte Lehrer Templin einen Bienenstand hatte.

Diese beiden Völker bildeten den Anfang meiner Imkerei. Mein Vater baute mir einige Normalbeuten, Hinterlader. Im nächsten Jahr konnten diese besetzt werden. Aus irgendeinem Buche hatte ich nun einen Thüringer Zwilling in mein Herz geschlossen. Das müßte eine praktische Beute sein. Aus dünnen Brettern baute ich nun eine solche Beute, mit Stroh bekleidet und mit Lehm verputzt. In dieser Beute imkerte es sich einfach herrlich. Der Bienenstand wuchs. Nun aber kam die Konfirmation. Am Montage darauf reiste ich nach Neukloster zur Präparandenaufnahmeprüfung. „Jung, fall dörch," rief mein Vater mir zu, als ich in den Zug stieg. Gern hätte er mich in seinem Geschäft als späteren Nachfolger gehabt. Doch ich bestand die Prüfung. Michaelis desselben Jahres gings nach Neukloster. Die Bienen blieben natürlich zu Hause. Während der Gartenarbeitsstunden beschäftigte mich der alte Lehrer Wacker mit Blumenpflanzen vor dem Bienenhaus. Ruhig und sehr erfreut verrichtete ich die Arbeit. „Du hast ja gar keine Angst." „Nein, ich habe auch Bienen zu Hause." Ich erzählte nun aus meinem Imkerleben. „Dann sollst Du von der Gartenarbeit befreit sein und hier Imkerlehrling werden." Das war natürlich etwas für mich. Der Lehrer Freyer, jetzt in Teterow, wurde mein Lehrmeister. Natürlich durfte ich als Imkerlehrling und Präparand nicht rauchen. Fürs erste

Mal beim Rauchen abgefaßt zu werden, kostete schon 3 Tage Stubenarrest. Doch der alte Herr Wacker wußte Rat. Er überreichte mir eines Tages eine lange Pfeife mit Schornstein, einen Zigarrenkasten mit Tabak und sagte: „Dat Du mi aewer nich rokst, bloß lufthalen und nicks wieder!" Ich befolgte getreulich meine Anweisung und holte nur Luft aus meiner langen Pfeife. Eines Tages ruft da einer am Zaun des Bienenhauses: „Krell, rauchst Du auch?" Ich erschrak zwar, denn ich erblickte meinen gestrengen Lehrer Hackbusch. Doch prompt antwortete ich: „Nein, Herr Hackbusch, ich hole nur Luft." Mein Lehrer war sprachlos. Lächelnd ging er weiter.

Als Schulassistent wurde ich nach Lehsten beordert, dem Heimatdorf unseres Immen-Griese. Na, hier gehörten die Immen zu Hause. Kein Wunder, daß unser Griese ein Immen-Griese ist und mit ihm seine ganze Familie, Kinner und Kinneskinder[1]. Da hatte der Büdner Schimmelmann in der Nähe des Schulhauses Bienen, weiter der erste Lehrer Tiedemann (jetzt in Grabow), der Schulze Schimmelmann auf dem Buernbarg, der Förster Lorenz, der Stellmacher usw. Ich imkerte natürlich bei meinem verehrten ersten Lehrer Tiedemann.

Doch als dieser nach einem Jahre nach Lübtheen übersiedelte und seine Bienen mitnahm, half der liebe Gott aus der Not. Ein Lehrer der Umgebung bot mir eine Imkerei an. Selbstverständlich wurde diese gekauft und auf dem Schulgehöft aufgestellt. Das Bienenschauer war ja geblieben. Nach Beendigung der Assistentenzeit wurden die Bienen nach Hause geschickt. Ich ging ins Seminar. Als Imkerlehrling wurde mir mein Klassenkamerad Richard Schmidt, jetzt in Rostock, mitgegeben. Zwei Erlebnisse aus dieser Zeit kommen mir wieder ins Gedächtnis. Im Frühlinge stelle ich in einer Lagerbeute Faulbrut im Anfangsstadium fest. „Wir wollen einmal gute Brut eingraben und sehen, was aus dieser Brut wird, vielleicht ist es nur erkältete und verfaulte Brut. Wir können ja in einigen Wochen diese eingegrabene Brut mit der Brut im Kasten vergleichen," meinte Schmidting. Es wurde gemacht. Doch nach

---

[1] Anmerkung des Redakteurs: Ein jüngerer Bruder von Gustav Griese, Friedrich, war in den 20er und 30er Jahren ein bekannter Autor, dessen Schriften freilich später höchst umstritten waren.
(siehe: https://de.wikipedia.org/wiki/Friedrich_Griese_(Schriftsteller))

einigen Tagen fand sich beim Vergleichen ein großer Unterschied. Wir verfolgten nun die Entwicklung der Faulbrut bis zum letzten Schultag vor den Hundstagsferien. Dann bauten wir in „Kalifornien" einen Scheiterhaufen. Während Schmidting die Leichenrede hielt, brannte unser Immenvolk lichterloh. „Friede seiner Asche!" war Schmidtings Schlußwort. – Eines Tags sitzt ein Schwarm hoch in den Bäumen hinter dem Bienenschauer. Wir holen die Scheunenleiter. Schmidting steigt mit dem Korb hinauf, ich ersteige den Zweig, an dem der Schwarm sitzt. „Nun, man los," ruft Schmidting. Ich gebe dem Ast einen Ruck, der Schwarm fällt ab, aber, o weh, auch die Leiter mit dem Schmidting. Doch dieser, eine Verkörperung der Ruhe, denkt nur an seine Bienen, deckt im Fallen seinen Korb zu, umfaßt ihn fest und landet seelenvergnügt unten im Gebüsch auf seinen vier Buchstaben, den Korb vor sich haltend. „Wat seggst nu, Krell?" meint er. „Ja. Du hest Dien Prüfung as Imkergesell bestanden!" war meine Entgegnung.

Auf der ersten Lehrerversammlung nach meiner Seminarzeit werde ich von den Versammelten begrüßt mit dem Wort: „ Segg bloß ja, wieder nicks!" Ich tue es. Da erhebt sich ein alter Lehrer und meint, „dann haben Sie ja meine Imkerei gekauft!" So hatte ich auf meiner neuen Stelle sofort wieder Bienen. Ein Platz fand sich auch bald. Es waren nur Hinterlader, badisches Maß, zwei Etagen, oben eine halbe Etage für Wirrbau.

Nach Verkauf dieser Imkerei baute ich nur Dahncke-Kästen, je drei Aufsatzkästen. Von diesen stehen heute noch zwei Völker an den Ecken meines Pavillons. Im Jahre 1912 sollte ich für einen Imker meines Vereins einen Schwarm besorgen. Ich fuhr zu dem Oberförster Rukiek in Oettelin.[2] „Nein, Schwärme verkaufe ich nicht, aber meine ganze Imkerei," gab er mir auf meine Anfrage zur Antwort.

---

[2] Anmerkung des Redakteurs: Ferdinand Gerstung hatte 1898 in seinem berühmten Buch „Der Bien und seine Zucht" auch einen Bienenstand ganz in der Nähe von Schwaan abgebildet, nämlich den auf dem Forsthof in Oettelin.

Genau diesen Bienenstand hat also Paul Krell 1912 vom Förster Ruckick (so die Namensschreibung im Mecklenburgischen Staatskalender) gekauft. Ob er die Abbildung gekannt hat, ließ sich nicht ermitteln.

Es waren zwei nette Pavillons, der eine mit Gerstungständern, der andere mit Gerstunglagerbeuten. Eine sehr verlockende Imkerei! Kurz entschlossen kaufte ich diese. Da ich meine Imkerei aber noch hatte, überließ ich den Pavillon mit Lagerbeuten meinem Vereinsmitgliede, dem Armenhausinspektor Oberhauer.

Bienenstand des großherzoglichen Revierförsters Ruckick in Oettelin in Mecklenburg.

Dieser schuf mit diesen Völkern einen Musterbienenstand, wie man ihn selten sieht. Leider ist er schon vor zwei Jahren zur ewigen Ruhe eingegangen.

Mein Pavillon enthielt die Oetteliner Bienen. Die anderen Bienenhäuser enthalten Ständerbeuten mit Oberbehandlung, aber badisches Maß. Das Maß erklärt sich folgendermaßen: Die Hinterlader mit zwei Etagen und Wirrbau oben sagten mir nicht zu. Ich baute neue Oberlader und siedelte die Völker in diese über.

Schwaan, der Ort der Ochsenschule[3], liegt sehr tief im Warnowtal. Die Bienen fliegen morgens erst spät aus. Ueberall nasse Wiesen. Güter können von den Bienen nicht erreicht werden. Es ist eine honigmagere

---

[3] Anmerkung des Redakteurs: Zum Thema „Ochsenschule" siehe: http://www.buetzow-schwaan.de/schwaan_wissenswert.htm

Gegend. Nur wenn die Linden honigen, ist ein Ueberschuß zu verzeichnen.[4]

Doch die Freude an den Bienen rückt die Finanzfrage in den Hintergrund. Wir bleiben doch Imker.

Nun noch etwas über meine Bienenhäuser.

Das kleine Schauer enthält 16 Oberlader badisches Maß.

Ich liebe nicht zwei Reihen übereinander, sondern nur eine Reihe in recht bequemer Höhe zum Bearbeiten. Ueber den Beuten sind Borten für die Gerätschaften zu den darunterstehenden Beuten. Ordnung und Sauberkeit, dazu alles am bestimmten Platze. Die Arbeit verringert sich dadurch bedeutend. Das Schauer ist in einer halben Stunde auseinanderzunehmen und ebenso schnell wieder aufzubauen. Es ist ein Wanderschauer.

---

[4] Anmerkung des Redakteurs: Das ist heute deutlich besser geworden, auch dank der Bemühungen des Imkervereins.

Der Pavillon enthält auch nur eine Reihe: 14 Völker Gerstungständer und zwei Dahnckekästen. Das Oberlicht im Dache ist beim Schleudern sehr praktisch. Die Bienen fliegen schnell durch die Spalte zwischen Holz und Glas ab.

Querschnitt durch das Oberlicht:

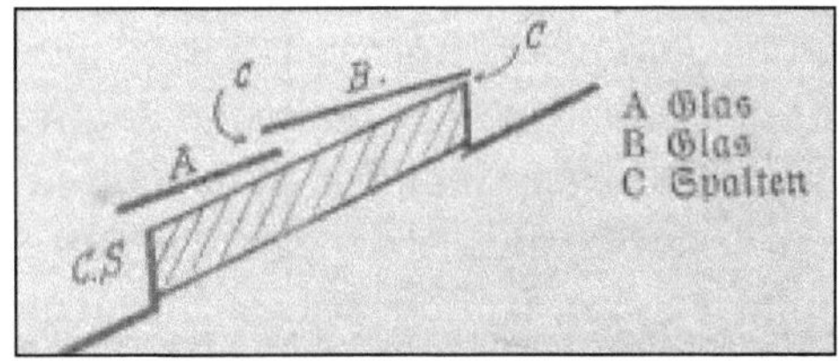

In jedem Schauer steht eine Schleuder. Ich schleudere nur im Bienenhaus. Während der Trachtzeit sind die Fenster beim Schleudern geöffnet, sonst ist die Hitze so groß, daß nicht darin zu arbeiten ist! Diese Hitze wird durch das viele Glas und das Pappdach hervorgerufen. Durch Bienen werde ich nicht belästigt. Beim letzten Schleudern müssen die Fenster allerdings geschlossen bleiben.

Das Tempelhaus war früher ein Gartenhaus mit angebautem Bienenhaus[5]. Von dem Bienenhaus habe ich die vordere massive Wand entfernt und hierfür Fenster angebracht.

---

[5] Heute ist es wieder ein Gartenhaus und wegen des neuen Flachdaches kaum noch zu erkennen:

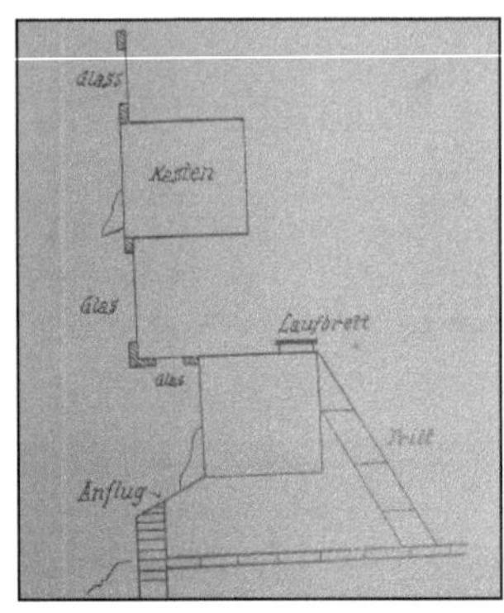

Um die Sonnenstrahlen zur Wärmeerzeugung recht auszunutzen, liegen vor der ersten Kastenreihe noch waagerechte Fenster. Auf dieser Reihe liegen Laufbretter. Auf diesen stehe ich beim Bearbeiten der oberen reihe. Doch kommen diese oft zu kurz, eben weil sie hochstehen.

Der Tempel, das Gartenhaus, ist als Bienenhaus umgebaut. Es stehen acht Völker darin. Die neueren Kästen in badischem Maß haben im Brutraum nur acht Waben von mir bekommen. Diese Beuten bringen bei mir die besten Erträge. Als Kern der ganzen Zucht betrachte ich die Königinnenerneuerung. Im vorigen Jahre weiselte ich 60 % um. In diesem Jahr wird der Rest umgeweiselt. Das Umweiseln nehme ich Anfang Juli, teils schon Ende Juni vor. Ich benutze angesetzte Weiselzellen in den Kästen. Hieran ist kein Mangel.

In den Hundstagen erhalten alle Völker 18 Pfd. reinen Zucker, im Frühjahr zur Triebfütterung 6 Pfd. Tote Völker im Frühjahr kommen nicht vor, Weisellosigkeit im Frühjahr eigentlich nur bei den jüngsten Königinnen, nicht bei den Königinnen, die im kommenden Sommer umgeweiselt werden.

Zur Zeit, es ist der 8. Juni 1926, sind alle Völker auf Arbeitshöhe. Wenn der liebe Gott jetzt das richtige Wetter schickt, wird die Freude an der Bienenzucht durch den Ertrag schon gehoben werden. Hoffen wir das Beste.

Wie ich meinen Honig kläre, rühre und einglase

Paul Krell *aus: Uns' Immen 1928 (Originalschreibweise)*

Die Einführung des Einheitsglases stellt uns alle vor eine neue Aufgabe. Wir wollen unseren Honig nicht nur rein, sondern auch ansprechend an die Käuferschaft bringen. Reinen Honig zu liefern, das Bestreben hatten wir schon immer. Ihn aber in ansprechender Form, in nettem Glase mit hübschem Band zu liefern, das hielten wir nicht für notwendig, die Ware sollte für sich sprechen. Dabei aber kamen wir mit dem Preise zu kurz, die Bienenzucht wurde unwirtschaftlich, dem Imker blieb für die Arbeit nichts. Eine Folge war, daß Deutschland 2/3 seiner Völker verlor. Jetzt ist der höhere Preis da, er erfordert kaufmännische Aufmachung, schöne Farbe, appetitliches Aussehen.

Schon im Bienenhause beim Schleudern ist an das Honigglas zu denken. Wer mit viel Rauch den Honig entnimmt, wird Kohleteilchen auf die Rähmchen und in die leeren oder unbedeckelten Zellen treiben. Diese werden durch das Schleudern in den Honig geworfen und teilweise beim Klären recht langsam nach oben getrieben. Manche sinken auch nach unten und gebrauchen hierzu oft Wochen, sie erscheinen daher erst am Boden des Glases, wenn der Honig dick geworden ist. Auf keinen Fall darf an der Schleuder geraucht werden, besonders keine Zigarre. Die Zigarre ist auch bei der Behandlung des Honigs vollkommen auszuschalten.

Unter meiner Schleuder habe ich ein doppeltes Honigsieb. Das feine Haarsieb läßt aber noch Teile hindurch, die dem Honig fernbleiben müssen. Das lehrt die Erfahrung. Der frisch geschleuderte Honig kommt nun in die Klärapparate. Das sind Blechkübel von etwa 95 Zentimeter Höhe und 33 Zentimeter Durchmesser, die etwa 3 Zentimeter von der Innenseite des Bodens entfernt einen Quetschhahn besitzen. Der Durchmesser des Quetschhahnrohres beträgt 2 ½ Zentimeter. Enger darf die Oeffnung nicht sein, sonst dauert das Einfüllen zu lange.

In diesen Gefäßen lasse ich den Honig mehrere Tage stehen, ohne ihn zu rühren. Alle schweren Teile sollen sich in dem Raume unterhalb des Quetschhahnes ansammeln, alle leichten Teile nach oben steigen. Nun fülle ich die obere Schicht ab. Dann stelle ich den Apparat auf den Tisch, hänge das doppelte Sieb auf den Quetschhahn, stelle unter diesen einen anderen Apparat und öffne den Quetschhahn nur ein wenig. Nach mehreren Stunden ist der Apparat leer bis auf etwa 1 Zentimeter über dem Quetschhahn. Weiter lasse ich den Honig nicht ablaufen. In dem unteren Gefäße steht jetzt etwas mehr als ein Zentner Honig. Dieses Gefäß kommt jetzt wieder auf den Tisch, ein leeres Gefäß kommt darunter, der Quetschhahn wird wieder ein wenig geöffnet und allmählich treibt der Honig wieder in das untere Gefäß. Dieses Durchlaufenlassen wird mehrmals wiederholt. Die einzelnen Teile kommen mit der warmen Luft in Berührung, es verdunstet noch Wasser und der Honig ist in steter Bewegung, beide Zuckerarten des Honigs werden dauernd durcheinandergerührt. Das Zimmer muß natürlich staubfrei sein, damit sich dem Honig kein Staub beimengt. Ob ein weiteres Rühren mit dem dreikantigen buchen Holzstab noch nötig ist, glaube ich nicht.

Doch will ich in diesem Jahre einen Teil des Honigs auch noch mit dem Stab rühren. Man soll den Honig aber auch verrühren können, so daß er schließlich viele Ähnlichkeit mit gelber Schmierseife bekommt. Etwas körnig muß er doch wohl bleiben, da das Kristallbilden eben in der Natur des Honigs liegt.

Die in den Honigtonnen verbliebenen Reste werden wieder für sich geklärt und verbleiben der Familie und den Bienen.

Ist der Honig nun ziemlich streifig in der unteren Tonne, dann glase ich ihn ein. Der Apparat wird auf den Tisch gestellt, darunter eine Kiste. Auf diese kommt die Waagschale zu stehen. Auf einem Schemel nehme ich Platz, links stehen auf Zeitungspapier die zubereiteten Gläser, rechts von mir ist der Fußboden auch mit Zeitungspapier bedeckt. Das Glas wird abgewogen, nun das Gewicht hinaufgestellt und der Quetschhahn geöffnet. In nicht allzulanger Zeit ist ein Zentner eingeglast. Nun kommt der zweite an die Reihe.

Auf die gefüllten Gläser werden gehobelte Bretter gelegt, um sie vor Staub zu schützen. Auch dem Licht soll der Honig nicht ausgesetzt sein, damit er seine Farbe behält. Ich verschraube die Gläser noch nicht, damit noch Luft hinzutreten kann und auch evtl. noch Feuchtigkeit entweichen kann.

Erst, wenn der Honig vollständig fest ist, schraube ich den Deckel hinauf. Der Honig hat jetzt eine Sahneschicht. Der innere Glasrand wird mit einem Läppchen nachgerieben, das Bändchen bis zur Mitte durch den Deckel gezogen, einmal am Blechdeckel geknotet und nun beide Enden zusammengeknotet. Jetzt kommt der Deckel hinauf. Man muß den Deckel recht ruhig hinaufschrauben, damit das Gewinde richtig faßt. Sonst kann sich der Deckel festbeißen. Beim Oeffnen ist dann mit dem Springen des Glases zu rechnen.

Jetzt fehlt nur noch der Verbandsstreifen. Wie klebe ich den herum? Vor mir auf den Tisch stelle ich eine kleine Kiste. Auf diese kommt das Glas zu stehen. Diese Kiste muß gerade so hoch sein, daß mein Auge mit dem Verbandsstreifen, wenn er aufgeklebt ist, in derselben Höhe liegt. Der Streifen wird nun mit einem Schwamm befeuchtet, der Faden straff gezogen, so daß er recht steif herunterhängt, der Streifen mit beiden Händen angefaßt und so vor das Glas gehalten, daß der Adler links vom Bändchen, das Wort „garantiert reiner Bienenhonig" auf dem Bändchen liegt. Während ich nun aufstehe und mich über das Glas beuge, klebe ich den Streifen herum.

Wer dies noch nicht gemacht hat, über es erst etliche Male mit einem nicht befeuchteten Bändchen. Man hat es bald heraus, daß man das Bändchen in gleicher Höhe um das Glas herumbekommt. Mit dem Handballen drückt man jetzt nach. Beim Bändchen wird zu beiden Seiten mit dem Nagel des Daumens nachgedrückt. Das Bändchen soll sich eben nicht herausziehen lassen. Der Knoten muß unterhalb des Bändchens liegen.

Nun ist der Honig fertig. Der Boden des Glases muß ein reines Gesicht haben. Luftblasen sollen im Honig nicht zu sehen sein.

In einer großen verleimten Kiste, die kein Licht durchläßt, wartet er nun bei mir auf dem Flur gerade der Haustür gegenüber auf den Käufer. Die Kiste trägt als Wappen eine von mir geschnitzte Königin. Meine vornehmste Sorge ist, daß die Kiste nicht vor der nächsten Ernte leer wird.

Wie kommt es, daß bei alten Vereinsmitgliedern mit großen Ständen die Faulbrut in allen Völkern festgestellt werden konnte?

Paul Krell *aus: Uns' Immen 1933*

Man hält es im allgemeinen nicht für möglich, und doch traf ich es bei Imkern in einem anderen Vereinsgebiet.

Suchen wir die Ursache zu erforschen.

Die Imker hatten Stände von 40 bis 60 Völkern, waren alte, erfahrene Imker. Die Größe ihrer Stände zeugt von regem Arbeitssinn und großem Interesse für die Bienenzucht. Sicherlich haben diese Imker sehr viele Versammlungen besucht und oft Vorträge über Faulbrut gehört und auch sicherlich manchen Artikel darüber gelesen.

Und doch waren ihre Stände vollständig verseucht. Ihre Niedergeschlagenheit nach dem Feststellen der Seuche, ihr Eifer bei der Beseitigung der Seuche bewiesen, daß sie die Gefahr kennen und ihr entgegenarbeiten wollen.

Und doch hatten sie die Seuche.

Wie ist das Rätsel wohl zu erklären?

Kannten sie die Seuche wirklich nicht? O, doch! Und doch hatten sie die Seuche auf ihrem eigenen Stande nicht gefunden.

Bauerneuerung in verkehrter Weise ist wohl die Ursache. Der Bau im Brutnest ist zu alt, so daß die Seuche genug Zeit hat, sich auszubreiten. Die Mittelwände werden hinten im Kasten an das Brutnest gehängt. Es wird nun bei der Hauptrevision im Juli und August das Brutnest auf Seuche nicht untersucht und auch das Brutnest durch die neu ausgebauten Waben, die hinten im Kasten stehen, nicht erneuert.

Die Erneuerung des Brutnestes ist ein Hauptmittel zur Verhütung der Seuche. Das hat unser verehrter Professor Zander jahrzehntelang verehrt. Alle drei Jahre spätestens muß das Brutnest erneuert werden.

Wabe für Wabe des Brutnestes abzustoßen und auf Faulbrut zu untersuchen, das ist vom Imker nicht gemacht.

Bei unseren Untersuchungen als Seuchenwart muß es auch geschehen. Hätten diese Imker Jahr für Jahr auf ihrem Stand das gemacht, dann wäre es unmöglich, gewesen, daß ihre Stände hätten vollständig verseuchen können. Es hätte die Seuche wohl in einigen Völkern vorkommen können, nicht aber bei allen.

Im Schwaaner Vereinsgebiet ist keine Faulbrut gefunden. Alle Imker mit größeren Ständen untersuchen bei der Revision die Brutnester oder lassen sie von mir untersuchen.

Ein Scheiterhaufen, vom Seuchenwart errichtet.

Das einzige überlieferte Bienengedicht eines Schwaaners

Regenwetter

von Karl Kempcke, Vorbeck[6]

Zwei Bienenwächter vor dem Loche
schaun in den Tropfenfall hinaus.
Es regnet schon die halbe Woche,
gar enge wird's dem Bien im Haus.

Und einer drängt sich grob dazwischen
und tritt die andern auf die Zeh'n:
„Ihr könnt euch mal die Augen wischen,
laßt mich mal nach dem Wetter sehn.

Es muß doch wohl ‚ne klare Ecke
Am Himmel sein, ein blaues Stück."
Auch er sieht nichts als graue Decke,
und scheltend krabbelt er zurück.

Die Hühner schütteln das Gefieder.
Die Mieze auf der Fensterbank,
die reckt sich aus und gähnt schon wieder,
möcht gerne sonst auf Spatzenfang. –

Ein Wächter spricht: „Na, weißt du, Vetter,
eins macht bei alledem mich froh:
uns langweilt zwar das trübe Wetter,
doch – geht's uns nicht alleine so."

---

[6] Anmerkung der Redaktion: Karl Kempcke war Lehrer in Vorbeck, wurde 1935 pensioniert und zog 1936 nach Schwaan, Tannenbergstraße 8. Ob er selbst imkerte und Vereinsmitglied war, konnte leider nicht geklärt werden.

Zur Geschichte des Landesverbandes der Imker Mecklenburg-Vorpommern e.V.

Die Bienenzucht war in Mecklenburg und Vorpommern vor Entstehen des Landschullehrerstandes allgemein verbreiteter bäuerlicher Nebenbetrieb. Schon früh stand sie unter staatlicher Aufsicht, wegen der damit verbundenen Steuern, wie alten Urkunden zu entnehmen ist.

In die geschriebene Geschichte tritt die mecklenburgische Imkerei im 18. Jahrhundert, z.B. mit dem „Patent zur Beforderung der Bienen-Zucht" des Durchlauchtigsten Fürsten Friedrich II. Herzog zu Mecklenburg vom Dezember 1763, die vorpommersche mit dem Greifswalder Professor Georg Stumpf (1750-1798), dessen Werk "Dreimal sieben Vorteile in der Bienenzucht" in den 30er Jahren aus der Versenkung geholt wurde und heute im Internet zu finden ist.

Die Entstehung der deutschen Imkervereine und ihrer Landesverbände fiel in die Zeit der Reichseinigung des XIX. Jahrhunderts und der gleichzeitigen Revolution der Bienenhaltung. Nach Erfindung von Rähmchen und Honigschleuder wurden den bäuerlichen Rümpen und Gausnestern statt der Käppchen „ordentliche" Honigräume aufgesetzt, Holzkisten verdrängten allmählich die bäuerlichen Bienenkörbe und Baron von Berlepsch verkündete, dass zur Bienenhaltung unbedingt eine theoretische Durchdringung des Fachs erforderlich sei. Aber die bäuerliche Bienenhaltung verlor rasant an Bedeutung, wegen der Konkurrenz des Kristallzuckers: hatte früher praktisch jeder auf dem Dorf einen Bienenstand, war es 1930 nur noch einer von hundert. Dafür imkerte fast jeder Landlehrer und folgerichtig waren es neben den Pastoren Landlehrer, welche in Mecklenburg und Pommern das Vereins- und Verbandswesen der Imker aufbauten, um die Bienenhaltung zu qualifizieren.

Dethloff Timm

1856 holte der Suckower Lehrer Dethloff Timm die Wanderversammlung deutschsprachiger Imker nach Güstrow, 1862 wurde im vorpommerschen Gingst auf Rügen vom Pastor Bertold Rabbow der erste Imkerverein gegründet. Der 1866 ebenfalls von Rabbow ins Leben gerufene Baltische Zentralverein für Bienenzucht umfasste gleichberechtigt Imkervereine aus dem preußischen Vorpommern und den mecklenburgischen Großherzogtümern. Präsident des Baltischen Zentralvereins war Graf Behr, während Rabbow die Geschäfte führte. 1878 war der Baltische Zentralverein in Greifswald ebenfalls Gastgeber einer gesamtdeutschen Wanderversammlung, auf der Adalbert Kasten über die Geschichte der Bienenzucht in Pommern referierte (Kastens Text ist auf der Internetseite des Schwaaner Vereins zu finden: www.iv-schwaan.blogspot.de).

Im selben Jahr 1878 überredete der Parchimer Lehrer Paul Neumann die meisten Mecklenburg-Schweriner Vereine zur Bildung eines eigenen Landesverbandes, der mit staatlicher Unterstützung eine schnelle Entwicklung nahm. Nur die Darguner bleiben dem Baltischen Zentralverein treu. Ältester mecklenburgischer Verein war der 1876 begründete Erste Bienenzuchtverein zu Rostock mit Prof. Graf zu Lippe von der Universität Rostock, Dethloff Timm und dem Rukietener Klinkmann als Gründungsmitgliedern.

Paul Neumann

Ehrenvorsitzende des Mecklenburg-Schweriner Landesverbands waren zunächst Graf zu Lippe und von 1880 bis 1933 Vater und Sohn Bock, Gutsherren auf Groß Welzin bei Schwerin.

Vater und Sohn Bock

Die Geschäfte führte Paul Neumann Jahrzehnte lang selbst, bis ihm 1918 der Wismarer pensionierte Lehrer Gustav Griese folgte. Die Hälfte der Imker waren Staatsbedienstete – Lehrer sowie Post-, Bahn- und Kirchenbeamte. Die Einnahmen aus der Imkerei waren für sie auch ein Teil des Soldes.

Rabbow und Neumann sowie der dritte (nach Graf zu Lippe und Timm) Vorsitzende des Ersten Bienenzuchtvereins zu Rostock, Dr. Friedrich Kühl, waren zudem Jahre lang im Bundesvorstand der Wandervereinigung deutschsprachiger Imker aktiv und wurden dafür von Staats wegen geehrt.

Auszeichnung. In Anerkennung der hohen Verdienste, die sich Herr Gymnasiallehrer P. Neumann in Parchim als langjähriger Schriftführer des Deutschen bienenwirtschaftlichen Zentralvereins erworben hat, ist demselben vom Könige von Preußen laut Order vom 15. Juni der Kronenorden 4. Klasse verliehen worden.

Auszeichnung. Seine Königliche Hoheit der Großherzog von Mecklenburg hat allergnädigst geruht, Herrn Dr. Fr. Kühl in Rostock, Präsidenten der Wanderversammlungen deutscher, österr. und ungarischer Bienenwirte für Deutschland, die goldene Verdienstmedaille I. Kl. als Anerkennung seiner langjährigen und erfolgreichen Bemühungen um Förderung der Bienenzucht zu verleihen.

Paul Neumann schrieb 1903 eine „Geschichte der Bienenzucht in Mecklenburg" (ebenfalls auf unserer Internetseite nachzulesen) und Dr. Kühl hatte 1906 sogar die Ehre, im Namen des Vorstands den Nachruf auf den berühmten Imker-Altmeister Dr. Johannes Dzierzon in der Leipziger Bienenzeitung zu unterzeichnen. Kühl und Dzierzon hatten übrigens eine Vorliebe für südländische Bienen (Italiener, Zyprer und Ägypter).

Anfang des XX. Jahrhunderts bildeten dann die Vereine von Mecklenburg-Strelitz einen eigenen Landesverband, einerseits weil einige neu gegründete Vereine nicht in den Baltischen Zentralverein wollten, andererseits um in den Genuss staatlicher Förderung zu kommen. Man kooperierte freilich weiterhin eng mit dem Baltischen Zentralverein.

In der Bewegung zur Einigung der drei deutschen Imkerbünde sowie der nicht verbündeten Landesverbände spielte Paul Neumann eine führende Rolle als Koordinator. Dabei kam es z.B. 1906 zu einem denkwürdigen Treffen zwischen Paul Neumann und Ferdinand Gerstung in Schwerin. Als 1907 der Deutsche Imkerbund ins Leben gerufen wurde, wurde ein Mann aus Pommern der erste Vorsitzende – Pastor Otto Sydow.

Bis zum Ende des 1. Weltkriegs genoss die Imkerei die Aufmerksamkeit der Landesregierungen, was seinen Ausdruck u.a. in der Faulbrutgesetzgebung fand, die zuerst in Mecklenburg-Schwerin erfolgte. Der Schweriner Entomologe Professor Heinrich Friese erlangte weithin Ruhm als Bienenkundler.

Mit der Weimarer Republik hatten die zumeist kaisertreuen – also deutschnationalen – Verbandsleitungen größere Probleme, die sich an der kostenerhöhenden Zuckersteuer und dem ungehinderten zollfreien Import von Honig entzündeten. Die Imkerzahlen halbierten sich binnen weniger Jahre. Der Parchimer Imkerverein trat aus dem Landesverband aus, ebenso der Pasewalker, der sich dem Mittelpommerschen Zentralverein anschloss. Der Neustrelitzer Verein hingegen war Mitglied im Mecklenburg-Schweriner Landesverband. Es kam zu Klagen mecklenburgischer Imkervereine über den billigen „Auslandshonig" aus Pommern. Gustav Griese beklagte sich bitter über Differenzen mit dem bayrischen Imkerverbandsgeschäftsführer Heckelmann vor dem Hintergrund des Auftrags vom Kölner Imkertag 1928 zur Sammlung der Vereinheitlichungsvorschläge in der Beutenfrage.

Man las eigene Zeitschriften: in Vorpommern und Mecklenburg-Strelitz seit 1900 den „Pommerschen Ratgeber für Bienenzucht" und in Mecklenburg-Schwerin ab 1920 „Uns' Immen".

„Uns' Immen" erschien bis März 1943, der „Pommersche Ratgeber" wurde 1934 von der Leipziger Bienenzeitung als „Pommersche Bienenzeitung" übernommen, die letzten Ausgaben beider Schriften erschienen als fusionierte Kriegsgemeinschaftsausgaben ab April 1943 unter den Titeln „Nordwestdeutsche" bzw. „Ostdeutsche Bienenzeitung". Ab 1947 druckte die „Leipziger Bienenzeitung" bis Anfang der 1950er Jahre auf der letzten Seite die Informationen des Mecklenburg(-vorpommerschen) Landesverbandes wiederum unter dem Titel „Uns Immen" (meist ohne Apostroph).

Pastor Knoblauch aus Roloffshagen in Vorpommern („Imker-Regeln in Knittelversen") und Karl Pinkpank, Lehrer in Kreien bei Lübz, später Lehrer und Küster in Sanitz in Mecklenburg-Schwerin, waren damals deutschlandweit bekannte Imker-Dichter – eine heute ausgestorbene Spezies. Pinkpank wurde Mitte der 20er Jahre zum Presseamtsleiter im Bundesvorstand des Deutschen Imkerbundes berufen und belieferte die gesamte deutsche Imkerpresse mit Nachrichten.

Karl Pinkpank mit seinem Sohn Ernst-Günther

1932 zählten die drei Landesverbände des heutigen Verbandsgebietes mehr als 130 Vereine mit etwa 2700 Mitgliedern, das waren zwei Drittel der damals aktiven Imker. In den beiden Ländern Mecklenburg gab es ca. 45.000 Bienenvölker. Der Landesverband Mecklenburg-Schwerin besaß in Rostock den schon erwähnten Lehrbienenstand und die drei Pommerschen Verbände betrieben die Belegstelle auf der Greifswalder Oie sowie ein Bieneninstitut in Finkenwalde bei Stettin, dessen Leiter Dr. Evenius nach dem Kriege in Celle tätig wurde.

Deutscher Imkerbund.
Vortragsversammlung (deutscher Imkertag)
2. August 1926, in Ulm, „Saalbau".

Tagesordnung:

Vormittags 9¼ Uhr; 1. Begrüßungen.
2. Vortrag vom Herrn Landtagsabgeordneten Kickhöffel: Wirtschaftspolitische Voraussetzungen für eine lohnende Bienenzucht.
Nachmittags 3 Uhr: Vortrag von den Herren Lehrer Geiger, Hauerz (Württbg.), und Direktor Otto, Preetz (Holst.): Gewinnung und Behandlung des Honigs."

Neumünster, |
Weinsberg, | 10. Juni 1926.

Der Bundesleiter.
Breiholz.

Karl Hans Kickhöffel, Lehrer in Jeeser bei Greifswald, Abgeordneter des Evangelischen Lehrerbundes sowie der Deutschnationalen Partei im Preußischen Landtag und ab 1930 Geschäftsführer des Baltischen Zentralvereins, schwang sich in dieser Zeit zur führenden Imkerpersönlichkeit Deutschlands auf. Seine „Ulmer Rede" war legendär.

Er propagierte die Selbsthilfe der Imker und forderte lautstark Staatshilfe (steuerfreien Zucker) ein, avancierte damit in den

Bundesvorstand des D.I.B. und wurde 1931 dessen Geschäftsführer. Sein Haupterfolg war die Verabschiedung der Honig-Verordnung im Jahre 1930.

Auf dem Foto der „Väter des Einheitsglases" von 1926 sitzen neben Kickhöffel und dem DIB-Präsidenten Breiholz mindestens drei Imker aus Mecklenburg-Schwerin in der ersten Reihe: der Geschäftsführer des Landesverbandes Gustav Griese sowie Paul Krell aus Schwaan und Friedrich Tralau aus Levkendorf[7] (später in Werle und Vereinsvorsitzender in Schwaan).

Kickhöffel arrangierte sich 1933 mit den Nationalsozialisten, wurde Geschäftsführender Präsident der Reichsfachgruppe Imker und erreichte tatsächlich die Steuerbefreiung des Futterzuckers. Er spielte alsbald die Rolle des „Deutschen Imkerführers" (so nannte er auch die monatlichen Verbandsnachrichten). Die Gleichschaltung der Imkervereine und -verbände (also deren Eingliederung in den „Reichsnährstand") wurde auch dank der Autorität Kickhöffels widerstandslos vollzogen.

Kickhöffels Programm war im Prinzip schlicht und immer aktuell:

1. mehr Imker und alle organisiert, 2. mehr Bienenvölker, 3. mehr Honig. Die Punkte 1. und 2. gelangen zumindest bis 1939. 1943 wurden im heutigen Verbandsgebiet 130.000 Bienenvölker gezählt.

Punkt 3. von Kickhöffels Programm gelang hingegen nicht, obwohl der Deutsche Imkerbund in eine staatsgeregelte Pflichtorganisation mit großer Bürokratie umgewandelt wurde.

Die Begeisterung der Imker vor Ort über die Zwangsumweiselungen, die Gängelung der Ortsfachgruppen durch „scharfe Anweisungen" und auswärtige Kassenprüfungen hielt sich in Grenzen.

Natürlich war den Machthabern die Honigproduktion im Prinzip gleichgültig – man förderte die Bienenhaltung wegen der Bestäubungsleistung, weil man im Rahmen der Kriegsvorbereitungen ein Programm zur „Nahrungsmittelfreiheit" Deutschlands verfolgte.

---

[7] Der nicht mehr existierende Ort Levkendorf befand sich dort, wo heute der Flugplatz Laage ist.

Berlin, den 30. Juli 1934.
SW 11, Dessauer Str. 15.

Betr. Eingliederung der örtlichen Bienenzuchtvereinigungen in die Reichsfachgruppe Imker.

Zwecks Eingliederung der örtlichen Bienenzüchtervereinigungen als zuständige Orts- oder Kreisfachgruppen der Reichsfachgruppe Imker im Reichsverbande Deutscher Kleintierzüchter e. V. sind zunächst die derzeitigen Vorsitzenden der genannten örtlichen Bienenzuchtvereinigungen aufzufordern, die Eingliederung nach Maßgabe der Bestimmungen der Satzung des betreffenden Vereins über Satzungsänderungen herbeizuführen. In der Regel wird für eine derartige Satzungsänderung die Mitgliederversammlung des betreffenden örtlichen Bienenzuchtvereins zuständig sein. Dem von der Mitgliederversammlung zu fassenden Beschluß wird folgender Wortlaut zu geben sein:

„Der Bienenzüchterverein ..... ändert seine Satzung zwecks Eingliederung als Ortsfachgruppe ..... (Kreisfachgruppe .....) der Reichsfachgruppe Imker im Reichsverband Deutscher Kleintierzüchter wie folgt:

1. Der Verein heißt künftig
   Reichsverband Deutscher Kleintierzüchter
   Reichsfachgruppe Imker
   Ortsfachgruppe .....
   (Kreisfachgruppe .....).

2. Für den Verein gelten zukünftig ausschließlich
   a) die Satzung des Reichsverbandes Deutscher Kleintierzüchter,
   b) die Satzung des Reichsverbandes Deutscher Kleintierzüchter, Reichsfachgruppe Imker.

3. Das Vermögen des Vereins ist auf die Reichsfachgruppe Imker im Reichsverband Deutscher Kleintierzüchter mit der Maßgabe zu übertragen, daß es ausschließlich für die Zwecke der Ortsfachgruppe ..... (Kreisfachgruppe .....) innerhalb der Reichsfachgruppe Imker zu verwenden ist.

4. Zum Liquidator wird der Vorsitzende der Ortsfachgruppe ..... (Kreisfachgruppe .....) der Reichsfachgruppe Imker, Herr ....., gewählt.

Soweit es sich um einen eingetragenen Verein handelt, ist der Beschluß noch wie folgt zu erweitern:

5. Der Verein soll als selbständiger rechtsfähiger Verein im Vereinsregister gelöscht werden. Mit der Löschung wird der Liquidator beauftragt."

Wie bereits erwähnt, muß diese Satzungsänderung jeweils von dem für Satzungsänderungen maßgebenden Organ des Vereins beschlossen werden. Hierbei müssen auch die in der jeweiligen Satzung festgelegten besonderen Erfordernisse (z. B. ¾ Mehrheit oder einstimmige Beschlußfassung) berücksichtigt werden. In jedem Falle, auch wenn dies in der Satzung des betreffenden Vereins nicht bestimmt ist, muß über den Beschluß ein Protokoll angefertigt werden, in dem auch die Mehrheit angegeben werden muß, mit der der Beschluß zustande gekommen ist. Das Protokoll muß von den in der Satzung genannten Personen unterschrieben werden. Eine Beglaubigung der Unterschriften ist jedoch nicht notwendig.

Ich ersuche um schnelle Durchführung dieses Rundschreibens. Dort, wo sich irgendwelche Schwierigkeiten ergeben, ist der Verein mit seinem Vorsitzenden hierher zu melden.

Dieses Rundschreiben gilt selbstverständlich nur für die örtlichen Bienenzüchtervereinigungen nicht für die Landesfachgruppen, deren Auflösung von hieraus bewirkt bzw. schon erfolgt ist.

Heil Hitler!　　　　　　　　　Rickhoff.

Die Gleichschaltungsanweisung in „Uns' Immen"

Der Ehrenpräsident des Landesimkerverbandes Mecklenburg-Schwerin, Heinrich Bock aus Groß Welzin, starb Anfang 1933 nach langer Krankheit. Der Landesverbandsvorstand fiel im Juni 1933 um und vollzog den Kniefall vor den neuen Herren in Schwerin:

> **3) Vorstandswahl.**
>
> Um der Gleichschaltung des Landesvereins die Bahn freizumachen, tritt der gesamte Vorstand von seinen Aemtern zurück. Die Herren Stoll und Tiedemann lehnen eine Wiederwahl ab. Wir haben Herrn Ministerpräsidenten Granzow ersucht, das Amt des Ehrenvorsitzenden zu übernehmen, und er hat sich dazu bereit erklärt. Wir haben uns mit ihm über die folgende Liste geeinigt:
>
> 1. Ministerpräsident Granzow, Schwerin
> 2. Rektor Griese, Wismar
> 3. Eisenbahninspektor i. R. Schlaaff, Schwerin
> 4. Lehrer Wilke, Gr.-Walmstorf
> 5. Lehrer Pinkpank, Sanitz,

Die Vorstandswahl am 23. Juli 1933 in Wismar wurde zur peinlichen Farce, die Pinkpank in leicht ironischem Stil ausführlich beschrieben hat. Erst stellte man sich „geschlossen und freudig hinter die Landes- und Reichsregierung" und sang „stehend und mit dem neuen Deutschlandgruß", „nachdem der Heilruf machtvoll verklungen", das Deutschlandlied. Auch Paul Krell aus Schwaan war dabei.

Dann aber sprengte ausgerechnet Pinkpanks Tessiner Vereins- und Sanitzer Lehrerkollege Walter Kittmann die Geschlossenheit wieder, indem er dagegen protestierte, dass Leute, die nicht schon vor dem 30. Januar 1933 in der NSDAP gewesen seien, in den Landesvorstand kämen. Wilke und Pinkpank erklärten daraufhin ihren Verzicht, was besonders im Falle Pinkpanks bedauert wurde, denn Pinkpank war nicht nur außerordentlich gut vernetzt, sondern auch Mitglied mehrerer Ausschüsse und als Wanderredner sehr gefragt.

Pinkpank nahm es erstaunlich gelassen und am Ende einigte man sich darauf, den Ehrenvorsitzenden Granzow entscheiden zu lassen. Granzow verlor aber 2 Wochen später sein Amt als Ministerpräsident, so dass die Sache nach Berlin gelangte, wo Kickhöffel die Verbandsdemokratie beendete und Kittmann zum Landesfachgruppen-„Führer" berief. Karl Müller aus Neu-Käbelich, der frühere Strelitzer Landesvorsitzende, wurde sein Vertreter.

Karl Pinkpank war 1933 auch in Berlin als Pressesprecher des DIB ausgebootet worden. Hintergrund waren nicht etwa ideologische Fragen, sondern Kickhöffel passte der „gemütliche Stil" Pinkpanks nicht, weil er auf straffe, „soldatische" Organisation und Wissenschaft setzte. Pinkpank wurde zwar kein „Führer", wohl aber – entgegen der Anweisung von Kickhöffel – Kassenwart und schrieb bis 1938 weiter Artikel für „Uns' Immen".

Vorsitzender der Landesfachgruppe Pommern wurde der Lehrer Fritz Müller aus Aschersleben/Ferdinandshof Die beiden Herren Müller waren durchaus geachtete Imker, Kittmann hingegen wurde als Intrigant empfunden und verzog bald nach Doberan, wo er statt der muffigen Vietower Lehrerwohnung eine schicke Villa am Buchenberg bezog.

1937 trat Kickhöffel in Güstrow auf, worüber Pinkpank in einem launigen Artikel berichtete. In seiner wieder einmal „begeisternden" Rede freute sich Kickhöffel u.a. darüber, dass sogar in „Gefangenenlägern" Bienenstände errichtet würden. Danach muss es zum Bruch zwischen beiden gekommen sein - wohl unter dem Vorwand, dass die Beitragszahlungsmoral der Ortsfachgruppen so schlecht wie immer war.

Pinkpank veröffentlichte Anfang 1938 ein Gedicht, dessen versteckte Botschaft Kittmann wohl überlesen hatte, welches aber Kickhöffel nicht missverstehen konnte; es heißt darin:

„Tau'n Dunnernarrn!
Büst du verrückt, du olles Biest!
Wenn du mi … argern wist,
Denn möst di einen Dümmern säuken.
Gestrenge Herr'n regier'n nicht lang.
Noch ein poor Maand, denn iß't sowiet."

Damit waren die beiden geschiedene Leute und Pinkpank beendete seine Verbandstätigkeit, was Jan Gerriets 1947 veranlasste, zu schreiben, Pinkpank hätte die Zeit des Nationalsozialismus „abseits der Organisation" verbracht.

Den „Durchbruch" in der Imkerei sollte auf Betreiben des gebürtigen Mecklenburgers Prof. Enoch Zander die flächendeckende Einführung der Schweizer Nigra-Biene (sowie des „Stammes 47", später Sklenar-Stamm genannt) bringen, was jedoch völlig missriet.

Zander schrieb 1937 auf Walter Kittmanns Wunsch in „Uns' Immen" einen langen Artikel über sich selbst, in dem er bekannte:

> In das Dritte Reich bin ich mit ehrlicher, freudiger Bejahung hineingegangen, nachdem ich in meinem kleinen Reiche seit Jahr und Tag durch eigenes Vorbild dafür geworben hatte. Ich sehe mich noch immer mit gleichgesinnten Freunden in tiefster Erschütterung auf dem Erlanger Marktplatze stehen, als 1933 endlich die Fahnen des neuen Reiches am alten markgräflichen Schlosse hochgingen. Nach un-

Staatliche Fördergelder wurden in beachtlichen Größenordnungen aktiviert und große Ausstellungen arrangiert, mit dem Höhepunkt im Januar 1939 in Leipzig, von der ein Foto den 50jährigen Kickhöffel auf dem Höhepunkt seiner Laufbahn zeigt: mit einer „Flüstertüte". Aber das laute Getön kam bei den Bienen nicht an.

Kickhöffel 1939 in Leipzig und mit Prof. Zander

Prof. Zander als Kickhöffels Hauptberater erhielt zwar 1943 die „Goethemedaille", aber Kickhöffel geriet in Erklärungsnot, da die Misserfolge natürlich dem „Führer" angelastet wurden. Noch während des Krieges stellten Imker in Vorpommern mit Julius Paschke an der

Spitze ihre Imkereien auf Carnica-Bienen der Stämme Peschetz und Troiseck um.

In dieser Zeit traten erstmals zwei Frauen als Imkerinnen in die Öffentlichkeit: neben Herta von Treuenfels in Mecklenburg war es in Vorpommern Maria Paschke, die 1942 Imkermeisterin wurde und den Bienenstand ihres Vaters in Lubmin übernahm, das bekannte „Immenhaus".

Nach Kriegsende waren die meisten Imker von ihrer Begeisterung für das Nazisystem geheilt – außer Karl Hans Kickhöffel, der schwer erkrankt war und sich davon nie mehr erholte. Die Schriftleitung der „Leipziger Bienenzeitung" fand nach seinem Tod 1947 dennoch anerkennende Worte für seine Bemühungen um die deutsche Imkerei:

> Nur in Streiflichtern konnte hier die imkerliche Leistung von K. H. Kickhöffels gebracht werden. Aber der Glanz dieser Lichter strahlt weiter in der Erinnerung, daß ein solches Wirken nicht versinken, nicht auslöschen kann. Noch sprüht der Funke für Leben und Zukunft der deutschen Imkerei! Schon jetzt hat die neue Imkergeneration die Bienenzucht zu frischem Leben erweckt. Sie wird unentwegt weiterkämpfen, unabhängig und frei. Sie hat ihre Männer gesucht und gefunden, die auch wir alten Imker mit allen Kräften unterstützen wollen. Es geht um das, was wir lieben: Um die einige deutsche Imkerei — um ein Vermächtnis!
>
> SCHRIFTLEITUNG UND VERLAG

Professor Zander schrieb 1948 nichts mehr von der „freudigen Bejahung", sondern nur noch: „Als ich 1937 aus eigenem Entschluß in den Ruhestand trat, dessen Anlaß nicht gerade ein Ruhmesblatt für die damaligen Machthaber war…". Frau von Treuenfels engagierte sich im Kulturbund und der Rostocker Vereinsvorsitzende Hermann Brandt wird im Nachhinein froh gewesen sein, dass die Vereinsunterlagen 1942 im Bombenhagel verbrannt waren, denn 1933 hatte er eine Liste angelegt, in der stand, welcher Imker seit wann NSDAP-Mitglied war.

Die sowjetische Besatzungsmacht förderte die Imkerei ohne nach der Vergangenheit zu fragen, zudem waren 1945 und 1946 gute Honigjahre, wenn auch Honigsollabgabe und fehlender Futterzucker und Materialmangel den Imkern zu schaffen machten.

Prof. Jan Gerriets – 1933 bis 1945 zwangspensionierter Beamter des preußischen Landwirtschaftsministeriums – hatte als Beauftragter der Sowjetischen Militäradministration ein neues Konzept für einen Zentralverband für Kleintierzucht entwickelt, in dem sich Platz für selbstständige Landes- und Ortsimkervereine fand.

Den Neuanfang machten also Imker, die seit 20 Jahren führend in der Imkerei Mecklenburg-Vorpommerns waren, nur Kittmanns Spur verlor sich unter dramatischen Umständen im Westen:

> Rostock. Also living in Bad Doberan at the time was Walter Kittmann the Gaultier (Branch Air District Leader) of the area. Police Sgt. Gosch was transferred from the town some time after Dick was murdered, and Peters and Kittmann fled Bad Doberan as the Red Army advanced toward the area.

(Natürlich haben die amerikanischen Autoren, die ihrem ermordeten Verwandten Dick nachforschten, dessen Flugzeug abgeschossen worden war, hier etwas verwechselt: Kittmann war kein „Gaultier", und „Gauleiter" war er wohl auch nicht.)

Fritz Müller, der Landesfachgruppenführer Pommern, starb 1953 in Bad Segeberg, erhielt aber einen Nachruf seines Heimatvereins Ferdinandshof in der „Leipziger Bienenzeitung".

Aus: Karl Pinkpank – Die Bienenzucht, 1947 (man beachte die Bezeichnung des Landesverbandes, die so erst 2014 verbindlich wurde!)

Schon im Herbst 1945 wurde erstmals ein gemeinsamer Landesverband Mecklenburg-Vorpommerscher Imker e.V. gegründet. Karl Pinkpank – als Lehrer in Sanitz entlassen und jetzt Rentner in Ribnitz und mit neuem Bienenstand – wurde sein Vorsitzender.

Noch im Frühjahr 1946 schrieb er: „Wir mecklenburgischen und vorpommerschen Imker stehen erschüttert vor den kläglichen Resten unserer Bienenvölker", weil der Bestand auf 60.000 Völker geschrumpft war. Aber als „Pfiffikus" gab er schon wieder praktische Ratschläge für Imker in der „Leipziger Bienenzeitung", zuletzt, wie man sich selbst die überall fehlenden Nägel fertigt.

In seinem letzten Aufsatz schrieb Pinkpank:

„Sind wir Menschenkinder nicht auch wie die Blumen?
Ein taufrischer Lenzesmorgen läßt uns kühn das Haupt erheben,
und wir schauen hoffnungsvoll und freudig
in die sommerlichen Erdentage.

Wenn aber schwere Zeiten kommen, dann neigen wir
unsere Häupter müde und sterbensweh.
Und wenn gar Gewitter und Hagelschlag über uns ergehen,
sinkt wohl mancher dahin, zerbrochen, zerschlagen."

Posthum erschien dann 1947 eine Neuauflage seiner Broschüre „Die Bienenzucht" aus dem Jahre 1935 mit einem Foto und dem Vorwort von Jan Gerriets, in dem Pinkpank so beschrieben wird, wie er wohl auch wirklich war:

Nachfolger Pinkpanks wurde sein Stellvertreter Hermann Brandt, der wiederum 1951 im Alter von 75 Jahren zurücktrat und dem Imkermeister Carl Drebelow aus Altenwillershagen Platz machte. Den

Vorstand komplettierte zunächst Otto Schulze aus Schwerin, später Otto Mantow aus Lutheran bei Lübz und Gustav Faber aus Anklam.

Ende 1947 musste der Bezug auf Vorpommern aus dem Verbandsnamen gestrichen werden.

Ebenfalls schon 1947 wurde in Dummerstorf eine Bienenforschungsanstalt gegründet, als erste in der sowjetischen Zone und einzige in Mecklenburg-Vorpommern. Ihr Leiter war Dr. Karl Bittner, der dort mit 10 von den Vereinen gespendeten Völkern begann und dann mit 100 Völkern Untersuchungen zum Einsatz von Bienen im Rotklee und zum Einfluss des DDT-Einsatzes auf die Königinnenzucht anstellte. Die Schwaaner Imker machten mitunter gemeinsame Ausflüge dorthin. Anfang der 60er Jahre wurde die Anstalt wieder aufgelöst, weil man sich in Dummerstorf auf Großtiere spezialisierte.

Noch 1950 existierte auch der Deutsche Imkerbund der DDR unter dem Vorsitz von Gustav Kreisel aus Cottbus. Brandt und Drebelow hatten im Mai 1950 die Ehre, Gastgeber für eine letzte gemeinsame Tagung von Gustav Kreisel mit Delegierten aller DDR-Landesverbände sowie mit Vertretern der Provisorischen Regierung der DDR und der Landesregierung Mecklenburg zu sein. Die Landesverbände zerstritten sich und boten so den Regierungsvertretern ein denkbar schlechtes Bild von sich.

Der Deutsche Imkerbund der DDR erhielt Beihilfen für die Wiedereinrichtung der Inselbelegstelle auf der Greifswalder Oie, um welche sich E. Fünning aus Wolgast verdient gemacht hatte. Aber schon 8 Jahre später durfte die Oie nicht mehr genutzt werden. Der Deutsche Imkerbund der DDR und die Landesimkerverbände der DDR wurden im März 1951 per Ministerratsverordnung aufgelöst (was ein klarer Verstoß gegen die Verfassung der DDR war, die ja Versammlungsfreiheit garantierte). So fungierte Drebelow bald als Vorsitzender der „Zuchtgemeinschaft Bienen im Landesverband Mecklenburg der Vereinigung der gegenseitigen Bauernhilfe/Bäuerliche Handelsgenossenschaften". Auch Gustav Kreisel firmierte nach einem Zwischenspiel als Brandenburgischer Landesverbandsvorsitzender bald als Beschäftigter der VdgB/BHG. Kreisel ist übrigens das klassische Beispiel für die Langlebigkeit von Imkern: Er wurde 102 Jahre alt.

Als 1952 das Land Mecklenburg aufgelöst wurde, fügten sich die Imker der bestehenden 150 Vereine in diese Situation: im Verband der Kleingärtner, Siedler und Kleintierzüchter (VKSK) bildeten sie fortan unselbständige Bezirks- sowie Kreis- und Ortssparten. Die für Dezember 1952 angesetzte Landesdelegiertentagung fiel aus und Spartenvorsitzender des Bezirks Schwerin wurde Otto Mantow. Man bemühte sich zwar noch eine Weile um den Landeszusammenhalt, wollte die Imkerschule Rostock für ganz Mecklenburg und Vorpommern beibehalten, aber mit der Zeit drifteten die Nordbezirke natürlich auseinander. Der Schwaaner Imkerverein geriet aus der Nähe zu Rostock in die Ferne von Schwerin.

Maria Paschke, die mit ihrem schönen Buch „Der neue Baurahmenimker" 1948 noch Aufsehen erregt hatte, konnte sich mit der Beute ihres Vaters nicht durchsetzen und die bekannten Thüringer Beutenproduzenten Thie in Neustadt/Orla und Gerstung in Oßmannstedt gaben nach ihrer Umwandlung in Volkseigene Betriebe die Produktion von Kuntzschzwillingen und Gerstungständerbeuten zugunsten der Typenbeute 52 mit Breitwaben im Normalmaß auf, die - als seit 1962 verbindlich vorgeschriebene Standardbeute - gewissermaßen der Trabant unter den Bienenwohnungen wurde und die Imkerei in der DDR auf dem technischen Niveau von 1938 stagnieren ließ.

Das alles tat der Honigproduktion jedoch keinen Abbruch: die Imkerzahlen erreichten in den 50er Jahren ungeahnte Höhen (mehr als 6.000) und die Zahl der Bienenvölker stieg in den 80er Jahren wieder auf das historische Maximum von 130.000 Völkern. Die Carnica wurde ab den 70er Jahren zur Normbiene, die Einfuhr von Bienen wurde strikt unterbunden – mit Ausnahme von österreichischen Carnica-Zuchtköniginnen.

Trotz vieler Probleme mit der Chemisierung der Landwirtschaft (Stichwort „Wofatox-Affäre") und der Ausräumung weiter Ackerflächen, der Lieferprobleme bei Beuten und Zucker lohnte die Imkerei in der DDR für tatkräftige Menschen, weil der Absatz zu 100 % gesichert war und die Qualitätskontrolle schwach. International beachtet worden ist die Wanderimkerei auf Kosten der Landwirtschaftsbetriebe. Man konnte als privater Nebenerwerbsimker richtig Geld verdienen – weil Honig in Größenordnungen exportiert wurde und die zeitweise aufkommenden Großimkereien der VEG, LPG und der Forstwirtschaft nie rentabel wurden. Die Förderung der Imkerei über den attraktiven Aufkaufpreis war wohl die wirkungsvollste, die es jemals gab.

Dank der Bemühungen vieler Imkervereine wurde auch viel für die Bienenweideverbesserung außerhalb der Landwirtschaft getan: Landesweit wurden damals Bienenweideobleute wie Gerd Gritsch aus Lenzen oder Friedrich Evert aus Rostock bekannt.

Aus der „Leipziger Bienenzeitung", die seit 1946 wieder erschien und in der auch die kurzlebige „Deutsche Imkerzeitung" aufging (deren Vorgänger wiederum „Der Imker" war), wurde 1963 die „Garten und Kleintierzucht, Ausgabe C".

In der DDR-Zeit verlor die Imkerschaft die früher dominierende Berufs-gruppen: Lehrer, Beamte und Pastoren (die noch 1933 mehr als 50% der organisierten Imker stellten). Eine rühmliche Ausnahme war Karl Pinkpanks Sohn Dr. Ernst-Günther Pinkpank aus Behren-Lübchin, der Pastor geworden war und 1954 zudem ein mehrfach aufgelegtes Imkereibuch für Anfänger veröffentlichte („Das Bienenjahr").

Von den sieben Ausbildungsbetrieben für den Imkerberuf befanden sich drei in den „Nordbezirken": das VEG Gartenbau Rostock, der Staatliche Forstbetrieb Stralsund/Poseritz und das VEG Jürgenstorf.

Mit dem Aufkommen der Varroamilbe geriet die Imkerei in der DDR in die Krise: die Normbeute war nur bedingt für die Behandlung geeignet. Lokal kam es sogar zum „Aufruhr" und zu Spartenteilungen – viele verlangten nach Magazinbeuten oder stellten diese im Eigenbau her. Die Beuten im „Schweriner" oder „Pientka-Maß" – einer Langstroth-Flachzargenabwandlung – machten DDR-weit Furore.

Mit der deutschen Einheit brach die Imkerei in Mecklenburg-Vorpom-mern zusammen – mehr als drei Viertel der Imker gaben wegen dem fehlenden Honigabsatz, wegen der Milbe oder wegen beruflicher Probleme auf. Das leidige Problem der politischen „Wendehälse" stellte sich damit für die Imkerei nicht.

1990 wurde wieder ein Landesverband der Imker Mecklenburgs und Vorpommerns als eingetragener Verein gegründet, obwohl es noch gar keine Imkervereine gab, denn die Sparten waren ja noch im VKSK und mussten sich erst neu als Vereine definieren. Und da es auch noch kein Land Mecklenburg-Vorpommern gab, hieß der neue Landesverband auch etwas anders, nämlich „Landesverband der Imker Mecklenburg **und** Vorpommern e.V." Wichtiger als solche Satzungsfragen war freilich der Wille, einen gemeinsamen Landesverband zu bilden.

Maria Paschke wurde das erste Ehrenmitglied des neu gegründeten Landesverbandes.

Jedoch hörte der erste Landesvorsitzende, Jürgen Blohm, weithin bekannt durch seine Tätigkeit in Bantin, bald selbst auf zu imkern. Nachfolger wurde für die nächsten 20 Jahre Pastor Wolf-Dieter Feldkamp aus Gressow. Blohm hatte in der kurzen Amtszeit seine Arbeitsstelle in die Neuzeit gerettet, das heutige Bienenzuchtzentrum Bantin, das dann 24 Jahre lang verdienstvoll von Dr. Winfried Dyrba geleitet wurde. Von dort aus wurde die Belegstelle auf der Greifswalder Oie wieder aktiviert.

Andere, wie z.B. die Imker Wolfgang Pientka in Boizenburg oder Reinhard Neumann in Plau ergriffen die sich auftuenden Chancen, um Berufsimker zu werden, deren es jetzt etwa 30 in Mecklenburg-Vorpommern gibt (1933 waren es nur 8), leider meist außerhalb des Landesverbandes. Sie führten zudem die Buckfastbienenzucht ein und gründeten einen eigenen Landesverband. Aber auch Im Landesverband der Imker gibt es eine Buckfastzuchtgruppe sowie neuerdings eine Zuchtgruppe der Dunklen Biene.

Der Teilung Deutschlands war auch das Einheitsglas zum Opfer gefallen – in der DDR wurde es natürlich seit den 50er Jahren nicht mehr verwendet, weil es ja keinen Imkerbund mehr gab. In Mecklenburg-Vorpommern fand es aber auch nach der Wende keinen Anklang mehr. Etwa 50 % des in Deutschland erzeugten Honigs wird in D.I.B.-Gläsern vertrieben, in Mecklenburg-Vorpommern jedoch wird fast flächendeckend ein Neutralglas mit Gewährverschluss und einem Landesetikett verwendet.

Mit Beginn des neuen Jahrtausends geht es insgesamt wieder aufwärts: die Imkerzahlen sind stabil (mehr als 1.500 Imker und 17.000 Völker in mehr als 70 Vereinen), es gibt wieder Imkernachwuchs, der Absatz von einheimischem Honig ist zu fairen Preisen möglich, die staatliche Förderung (insbesondere des Bienenzuchtzentrums Bantin) ist beachtlich, die Varroamilbe hat man einigermaßen im Griff. Die Honiggewinnung erfolgt in den meisten Imkereien nach modernen Hygienestandards. Leider emanzipiert sich die Landwirtschaft immer mehr von der Bestäubungsleistung der Bienen, welche ihr „Asyl" zunehmend in den Städten finden. Allerdings gibt es durchaus Potenzial für eine Verdoppelung der Imker- und Bienenvölkerzahlen.

Die Verbandsnachrichten erscheinen seit 1992 im „Deutschen Bienenjournal", gelegentlich auch in der „Allgemeinen Deutschen Imkerzeitung – ADIZ". Höhepunkte im Verbandsleben der letzten Jahre waren zweifellos die Wanderversammlung deutschsprachiger Imker 1994 in Schwerin und der Deutsche Imkertag 2011 in Stralsund.

Nachrichten über den gegenwärtigen Zustand des Landesverbandes findet man natürlich auf dessen Homepage im Internet.

Bienenhäuser und Bienenwagen

Früher war ein Bienenhaus im Garten und ein Bienenwagen für die Wanderungen der Traum und Stolz eines jeden Imkers und wenn an der Bienenhaltung irgendetwas wirklich romantisch ist, dann ist es wohl das Bienenhaus (oder auch der Bienenwagen) mit seinen verborgenen Geheimnissen, von denen nur der Imker weiß:

Am Bienenhause weil ich gern in Sonnenstunden,
Wenn leises Summen um die Stöcke schwebt,
Ein Kommen und ein Gehen rastlos webt,
An das die Pflicht die treuen Tierchen hält gebunden.

Und Harmonie schwingt mir aus jedem Stock entgegen.
Ein feiner, süßer Duft quillt draus hervor.
Ein Lied der Arbeit singt an meinem Ohr,
Will Herz und Sinn zu ernster Andacht hin bewegen.

Leider sind die heute noch in Schwaan vorhandenen Bienenwagen zu bloßen Abstellkammern für Gerätschaften verkommen, aber die Bienenhäuser werden z.T. durchaus noch zweckgemäß verwendet. Früher glaubte man, für Magazinbeuten würden Häuser benötigt, heute ist man genau anderer Meinung, nämlich dass der Magazinimker kein Haus benötigt. Trotzdem entstanden in den letzten Jahren sogar einige neue. Natürlich sind das keine architektonischen Wunder, sondern vor allem Zweckbauten, aber jeder Imker bemüht sich doch, diese einigermaßen ansehnlich zu gestalten.

Nachstehend ein Rundgang durch die Bienenhauslandschaft der Mitglieder des Schwaaner Imkervereins und ein Blick zurück auf die Bienenwagen der 80er Jahre.

Paul Krells „Tempelhaus" oder „Bienenschauer mit dem Turm" am Schwaaner Kohlsteig stammte aus der Zeit vor dem 1. Weltkrieg und war sein ganzer Stolz. Er selbst schrieb 1932: „Das magst Du leiden, nicht wahr? Früher war sogar ein Bierkeller darin."

Seit 1955 stand es aber ohne Bienen da und wurde 60 Jahre lang als Gartenhaus benutzt. Anfang 2015 sollte es abgerissen werden. Der Vereinsvorstand wollte es als Denkmal auf Staatskosten auf einen öffentlichen Standort versetzen lassen, etwa an der Streuobstwiese der Schwaaner Schule - die Denkmalschutzbehörde hielt es aber nicht für versetzungsfähig. Der Vereinsvorstand hat den Bau daraufhin soweit dokumentiert, dass jederzeit ein Nachbau möglich wäre.

Zustand Winter 2015

Die neuen Besitzer hatten jedoch letztlich ein Einsehen und ließen das Haus stehen. Nur die Spitzhaube war so marode, dass sie durch ein Flachdach ersetzt wurde, was dem Schauer seinen „Tempelcharakter" nahm, aber immerhin seinen Bestand sicherte. Bienen werden freilich wohl nie wieder dort einziehen.

Lehrer **Stahl** von der Alten Schule in Huckstorf ließ sich in den 20er Jahren nach einem Projekt von Paul Krell dieses „Bienenschloss" bauen, das 1932 in „Uns' Immen" abgebildet war. Heute sieht man nur noch das Fundament und in ihm wachsen Himbeeren.

Das Fundament des „Bienenschlosses", Zustand 2014

Das Bienenhaus von **Friedrich Pannwitt**, Letschow, erbaut nach dem Brand von 1933, ist von der Gartenseite wohl das schönste in ganz Schwaan.

Links in den 60er Jahren und rechts im Jahr 2015.

Es hat rechts drei Kuntzsch-Schränke, links drei Normalmaßschränke (alles Eigenbauten) und ganz links zwei Normbeuten.

Friedrich Luckmann hatte am Nordhang des Treppenbergs bei Letschow einen großen Bienenstand, von dem zwei Fotos aus dem Jahre 1954 die Zeit überdauert haben.

Das war eine stattliche Dreiflügelanlage mit einem Innenhof (unten) und großem Schleuderraum (oben rechts).

Nach Luckmanns Tod wurde der Stand Opfer einer Brandstiftung.

Friedrich Jörn war wie auch Friedrich Luckmann und Paul Martens nicht nur Vereinsvorsitzender, sondern auch Tischler und baute sich einige Bienenwagen selbst.

Der Bau von Jörns letztem Bienenwagen in der eigenen Tischlerei wurde als einziger jemals fotografisch dokumentiert.

Werner Köbcke wanderte in den 1960er Jahren mit einem einfachen Plattenwagen:

Dann baute er sich – mit Paul Martens – einen richtigen Wanderwagen auf, den sein Schwiegersohn **Baranowski** noch bis Anfang der 1990er Jahre benutzte:

Die **LPG Wiendorf** erbaute in den 70er Jahren unter Federführung des Zeezer Imkers **Hallier** im Wiendorfer Wald dieses größte Bienenhaus der Schwaaner Gegend. Für die LPG war es dauerhaft ein Verlustgeschäft.

Nach einiger Zeit des Leerstands gehörte es **Walter Kleinfeldt**, der zuletzt dort im rechten Teil noch zwei Völker hielt, während **Günter Bublitz** seit 1997 bis heute den linken Teil bewirtschaftet.

Günter Bublitz imkerte zuvor in diesem Schauer für 30 Völker in Niendorf:

Später baute er sich diesen Bienenwagen, der Anfang der 90er Jahre verschenkt wurde:

Zudem besitzt er die weltgrößte (?) Kollektion selbstgebauter Bienen-wagenmodelle:

93

Das Bienenhaus von **Ulrich Freitag** stand am Brökerteich in den Schwaaner Tannen.

Protokollvermerk von 1974:

Ulrich Freitag hatte sich damals einen Bienenwagen gebaut, der einer von drei heute erhaltenen ist, nun aber nur noch als Lager dient.

Monika und Hans-Georg Kotalla 1994 vor ihrem Bienenhaus aus den
60er Jahren für 16 Normbeuten.

Im Mai 2011 besichtigte der damalige Vorstand das Haus.

Heute, 2016, ist es mit Magazinen besetzt.

Walter Kleinfeldt hatte seinen Hauptstandort auf dem Gelände der früheren Wiendorfer Ziegelei und zeitweilig vier Wanderwagen. Aber er wanderte auch mit einem Freistand wie diesem hier:

Walter Levermann mit seinem Bienenwagen. Sein Sohn Roland war Zuchtbeauftragter des Vereins und wäre wohl Vereinsvorsitzender geworden. Die Wende 1990 brachte ihn jedoch leider von der Imkerei ab und der Wagen wurde verschrottet.

Peter Meyers Bienenwagen stand jahrelang besonders romantisch mitten auf einer Koppel am Trockenwerk. Heute ist der Standort verwaist.

Wolfgang Seel reaktivierte 2014 das Bienenschauer für 8 Normbeuten, das seit Anfang der 60er Jahre unverändert in seinem Garten steht.

Familie Brätz baute sich 2011 dieses luftige Bienenschauer für 4 Magazinbeuten:

Auch ein Magazinstand hat seinen Reiz: Frank **Plich** hatte seine Bienen fürs Erste ins Freie gestellt, benötigte aber natürlich einen Gerätewagen und schönes Wetter dazu. Heute stehen die Beuten unter Schutzdächern.

Satzung des Imkervereins Schwaan

§ 1 Der Verein

Der Verein führt den Namen "Imkerverein Schwaan". Er wurde gegründet im Jahre 1906, hat seinen Sitz in Schwaan und soll nicht in das Vereinsregister eingetragen werden. Der Verein ist Mitglied im Landesverband der Imker Mecklenburg-Vorpommern e.V. (LIMV).

Das Kalenderjahr ist auch das Geschäftsjahr.

§ 2 Zweck des Vereins

Zweck des Vereins ist der Erhalt und die Entwicklung der Imkerei in Schwaan und Umgebung und damit die Förderung des heimischen Naturschutzes und der Landschaftspflege durch die Bestäubung von Kultur- und Wildpflanzen.

Die Vereinsmitglieder halten Bienen der Rasse Carnica und züchten vorrangig auf Sanftmut.

Der Satzungszweck wird insbesondere verwirklicht durch
a) Beratung, Weiterbildung und Unterstützung der Imker in Fragen der zeitgemäßen Imkerei,
b) Förderung der Imkergemeinschaft durch geeignete Veranstaltungen,
c) Förderung der Bienengesundheit und –hygiene,
d) Vertretung der Interessen der Imker auf örtlicher Ebene.

§ 3 Mittelverwendung

Der Verein ist selbstlos tätig, er verfolgt nicht in erster Linie eigenwirtschaftliche Zwecke. Mittel des Vereins dürfen nur für die satzungsmäßigen Zwecke verwendet werden. Die Mitglieder erhalten keine Zuwendungen aus den Mitteln des Vereins. Es darf keine Person durch Ausgaben begünstigt werden, die dem Zweck des Vereins fremd sind.

Der Verein enthält sich jeglicher Grundstücks- und Kreditgeschäfte.

§ 4 Mitgliedschaft

Mitglieder des Imkervereins Schwaan können natürliche und juristische Personen aus Schwaan und Umgebung werden. Jugendliche unter 18 Jahren bedürfen der Erlaubnis ihrer gesetzlichen Vertreter. Stimmberechtigt sind Mitglieder ab Vollendung des 18. Lebensjahres.

Es gibt a) Mitglieder mit Bienen, b) Mitglieder ohne Bienen, c) Ehrenmitglieder.

Über den schriftlichen Aufnahmeantrag entscheidet der Vorstand. Über eine Ablehnung des Antrags ist der Antragsteller schriftlich zu unterrichten.

Ehrenmitglieder ernennt die Mitgliederversammlung.

Der Beitrag für die Mitglieder berechnet sich aus dem Beitrag für den Imkerverein Schwaan zuzüglich des an den LIMV abzuführenden Beitrags. Der Beitrag für den Imkerverein Schwaan wird durch die Mitgliederversammlung bestimmt.

Die Beitragszahlung erfolgt jeweils zum 30.11. für das Folgejahr nach Aufforderung durch den Vorstand. Während des Geschäftsjahres eintretende oder ausscheidende Mitglieder zahlen den vollen Jahresbeitrag.

§ 5 Rechte und Pflichten der Mitglieder

Die Mitglieder verpflichten sich dem Grundsatz ehrbarer Imker mit dem Ziel der Gewinnung unverfälschter und rückstandsfreier Bienenprodukte. Sie verkaufen nur Honig, welcher den Mindestanforderungen der Honigverordnung gerecht wird und bestimmen ihre Honigpreise selbst. Über die Verwendung von Neutral- statt DIB-Gläsern befindet jedes Mitglied selbst, ebenso über die Verwendung von Etiketten.

Die Mitglieder wirken für die Erreichung des Satzungszwecks und halten sich an die satzungsgemäßen Beschlüsse der Vereinsorgane.

Die Mitglieder nehmen an den Veranstaltungen des Vereins teil, können dessen Leistungen in Anspruch nehmen und jederzeit Anträge und Vorschläge an den Vorstand richten.

Die Mitglieder sind verpflichtet, die festgesetzten Beiträge termingerecht zu leisten.

§ 6 Beendigung der Mitgliedschaft

Die Mitgliedschaft im Verein und im LIMV endet durch:

a) Tod, b) Verlust der Rechtsfähigkeit, c) Austritt, d) Ausschluss, e) Streichung nach mehr als 6monatigem Beitragsrückstand.

Ein Austritt ist spätestens drei Monate vor dem Ende des Geschäftsjahres dem/der 1. oder 2. Vorsitzenden schriftlich zu erklären.

§ 7 Organe des Vereins

Organe des Vereins sind Vorstand und Mitgliederversammlung.

§ 8 Vorstand

Der Vorstand besteht aus:

1. Vorsitzenden, 2. Vorsitzenden, Schriftführer/in und Kassierer/in.

Bei Verhinderung des/der 1. Vorsitzenden ist der/die 2. Vorsitzende ohne weitere Vollmacht zur Vertretung berechtigt.

Der Vorstand ist für alle Angelegenheiten des Vereins zuständig, soweit sie nicht durch die Satzung der Mitgliederversammlung zugewiesen sind.

Zu den Aufgaben des Vorstands zählen insbesondere die

- Vorbereitung und Einberufung der Mitgliederversammlungen sowie Aufstellung der Tagesordnungen,
- Ausführung von Beschlüssen der Mitgliederversammlung,
- Beitragskassierung, Buchführung, Erstellung des Jahresberichts, Vorlage der Jahresplanung,
- Beratung über Anträge und Vorschläge der Mitglieder,
- Öffentlichkeitsarbeit und Mitgliederwerbung,
- Vertretung beim LIMV,
- Beschlussfassung über Aufnahmeanträge,
- Führung von Archiv und Chronik des Imkervereins.

Der Vorstand tagt nach Bedarf auf Einladung des/der 1. Vorsitzenden und fasst seine Beschlüsse mit einfacher Stimmenmehrheit. Bei Stimmengleichheit entscheidet die Stimme des/der 1. Vorsitzenden. Der Vorstand wird durch die Mitgliederversammlung auf die Dauer von drei Jahren gewählt und bleibt bis zu Neuwahlen im Amt. Wiederwahl und vorzeitige Abwahl sind möglich.

Der Vorstand unterhält eine Internetseite, deren Inhalt auf Vorstandsbeschluss gepflegt wird. Die Mitglieder erhalten eine gedruckte Vereinszeitung mit dem aktuellen Inhalt der Internetseite.

Die Finanzen des Vereins sind vom Kassierer/der Kassiererin auf einem gesonderten Bankkonto zu verwahren, das ausschließlich für Vereinsabrechnungen genutzt wird. Eine Handkasse wird nicht geführt. Über Zahlungen darf der Vorstand nur satzungskonform entscheiden.

§ 9 Mitgliederversammlung

Die Mitgliederversammlung ist mindestens einmal jährlich einzuberufen. Sie ist in der Wintersaison durchzuführen, spätestens im März. Die Einberufung erfolgt durch den/die 1. Vorsitzenden schriftlich unter Angabe der Tagesordnung spätestens zwei Wochen vor dem Versammlungstag. Außerordentliche Mitgliederversammlungen sind auf Antrag der Mitglieder einzuberufen, wenn 1/3 der stimmberechtigten Vereinsmitglieder die Einberufung verlangt.

Beschlussfähig ist jede satzungsgemäß einberufene Mitgliederversammlung.

Anträge zur Mitgliederversammlung können noch während der Mitgliederversammlung gestellt werden.

Die Mitgliederversammlung entscheidet über die Behandlung der Anträge mit einfacher Mehrheit der anwesenden Mitglieder, bei Stimmengleichheit entscheidet die Stimme des/der 1. Vorstandsvorsitzenden.

Satzungsänderungen und Beschlüsse über die Vereinsauflösung bedürfen einer ¾-Mehrheit der anwesenden Mitglieder.

Abstimmungen erfolgen durch Handerheben.

Über die in der Mitgliederversammlung gefassten Beschlüsse ist ein Protokoll aufzunehmen, das vom Schriftführer und vom Versammlungsleiter zu unterzeichnen ist.

Die Mitgliederversammlung ist zuständig für die:
- Entgegennahme und Kritik des Jahresberichts des Vorstands,
- Entgegennahme und Kritik des Kassenberichts,
- Entgegennahme und Kritik des Berichts des Kassenprüfers/der Kassenprüferin,
- Entlastung des Vorstands,
- Behandlung der Anträge,
- Festsetzung der Mitgliederbeiträge für den Imkerverein Schwaan (auf Vorschlag des Vorstandes),
- Ernennung von Ehrenmitgliedern,
- Entscheidung über den Ausschluss von Mitgliedern,
- Beschlussfassung über Änderungen der Satzung und die Auflösung des Vereins,
- Wahl des Vorstands und des Kassenprüfers/der Kassenprüferin.

§ 10 Kassenprüfer/innen

Die von der Mitgliederversammlung gewählten Kassenprüfer/innen überwachen die Kassengeschäfte des Vereins. Eine Überprüfung hat mindestens einmal im Jahr zu erfolgen; über das Ergebnis ist in der Mitgliederversammlung zu berichten.

Die Amtsdauer der Kassenprüfer/innen beträgt drei Jahre. Sie bleiben bis zu Neuwahlen im Amt. Wiederwahl ist möglich.

§ 11 Auflösung des Vereins / Vermögensbindung

Der Verein kann durch Beschluss der Mitgliederversammlung aufgelöst werden. Die Liquidation erfolgt durch zwei von der Mitgliederversammlung zu bestellende Liquidatoren. Bei Auflösung des Vereins fällt das Vereinsvermögen an die Stadt Schwaan. Diese hat es unmittelbar und ausschließlich für gemeinnützige Zwecke im Sinne des § 2 dieser Satzung zu verwenden.

Vorstehende Satzung wurde am 23.03.2013 von der Mitgliederversammlung beschlossen und am 22.02.2014 sowie am 20.02.2015 von der Mitgliederversammlung geändert.

Inhalt

Herstellung und Verlag:
BoD - Books on Demand, Norderstedt
ISBN 978-3-8370-8568-6

FSC
www.fsc.org
MIX
Papier aus ver-
antwortungsvollen
Quellen
Paper from
responsible sources
FSC® C105338